文庙释奠礼仪研究

刘续兵／房　伟◎著

中华书局

图书在版编目(CIP)数据

文庙释奠礼仪研究/刘续兵,房伟著. —北京:中华书局,
2017.8
ISBN 978-7-101-12449-1

Ⅰ.文⋯ Ⅱ.①刘⋯②房⋯ Ⅲ.孔庙-祭礼-礼仪-研究-
中国 Ⅳ.K892.98

中国版本图书馆 CIP 数据核字(2017)第 023498 号

书　　名	文庙释奠礼仪研究
著　　者	刘续兵　房　伟
责任编辑	陈　虎
出版发行	中华书局
	(北京市丰台区太平桥西里38号　100073)
	http://www.zhbc.com.cn
	E-mail:zhbc@zhbc.com.cn
印　　刷	北京瑞古冠中印刷厂
版　　次	2017 年 8 月北京第 1 版
	2017 年 8 月北京第 1 次印刷
规　　格	开本/710×1000 毫米　1/16
	印张 14½　插页 4　字数 280 千字
印　　数	1-2000 册
国际书号	ISBN 978-7-101-12449-1
定　　价	42.00 元

本研究项目出版由香港孔教学院院长汤恩佳博士支持

目 录

导 言 ……………………………………………………1

第一章 文庙与文庙祭祀

第一节 文庙原始 ……………………………8
第二节 文庙的发展沿革 ……………………18
第三节 文庙与释奠礼 ………………………24

第二章 文庙释奠礼仪的形成与发展

第一节 文庙释奠礼仪的源流 ………………30
第二节 文庙释奠礼仪的雏形 ………………32
第三节 文庙释奠礼仪的定型 ………………40
第四节 文庙释奠礼仪的高峰 ………………44
第五节 文庙释奠礼仪的衰变 ………………50

第三章 文庙释奠的仪程

第一节 文庙释奠礼仪的构成 ………………53
第二节 明、清时期的释奠仪程 ……………69
第三节 明、清时期释奠仪程的比较 ………73

第四章 文庙释奠的从祀制度

第一节 文庙从祀制度的历史变迁 …………80
第二节 文庙从祀制度的构成 ………………84
第三节 文庙从祀的教化作用 ………………98

第五章 文庙释奠的思想文化内涵

第一节 文庙释奠的文化意蕴 ………………103
第二节 文庙释奠的政治意蕴 ………………107
第三节 文庙释奠的宗教意蕴 ………………112

第六章 文庙释奠礼仪的延续及其新形态

第一节 港澳台地区的文庙释奠礼仪 …………………121
第二节 新中国成立以来的文庙释奠礼仪 …………127
第三节 国外的文庙释奠礼仪 …………………………137

第七章 当代文庙释奠礼仪的构想

第一节 对当前文庙释奠热潮的反思 …………………150
第二节 文庙释奠礼仪存在的问题 ……………………153
第三节 对当代文庙释奠的构想 ………………………158

结语 …………………………………………………171

附录

一、历代对孔子的追谥 …………………………………174
二、历代帝王幸鲁 ………………………………………175
三、阙里孔庙从祀"十二哲" …………………………176
四、阙里孔庙从祀先贤、先儒 ………………………178
五、明代释奠仪程 ………………………………………186
六、清代释奠仪程 ………………………………………193
七、孔子故里曲阜"公祭孔子大典"仪程 …………199
八、曲阜阙里孔庙"公祭孔子大典"祭文 …………209

后记 …………………………………………………227

导 言

世人习称的"孔庙"，实际应称为"文庙"。文庙是中国传统社会纪念孔子、推崇儒学的表征，其黄瓦重檐、雕梁画栋，无不寓意深远，有着特定的内涵。作为中华文明特有的景观，文庙当仁不让地象征着孔子和儒家思想在中国传统社会中的崇高地位。

一直以来，祭祀圣贤是中华文化"慎终追远"特质的重要表征。传统社会中，文庙正是用来祭祀孔子及历代儒家先贤、先儒的"圣域"。在古人看来，于文庙之中举行释奠礼以祭祀孔子及儒家圣贤，乃"国之要典"，"乾坤第一大事"。因而，中国历史上这一非常独特的文化现象，蕴涵着重要的文化信息。

一、文庙祭祀开创了一种新的祭祀形式，是中国"尊师重教"传统的重要标志

根据对象不同，祭祀活动大体可分为血缘性祭祀与非血缘性祭祀两种。血缘性祭祀，更多的是亲情所系；而非血缘性祭祀，则更多的具有社会文化的意义。

孔子去世后，其后裔定会于家中祭祀这位伟大的先祖，这无疑是源于血缘亲情的祭祀。然而，真正意义上的"祭孔"活动，则首先出于孔门弟子自发所为。据《史记·孔子世家》载，孔子去世后，其弟子依宅立庙，对孔子进行追思与祭奠。

孔门弟子对孔子的"祭祀"活动，乃是模仿祭祖活动而来，但又超越了一般的亲情。孔子与其弟子之间显然没有血缘关系，但孔子以其伟大的人格魅力、渊博的阅历学识加之以慈父般的关怀，赢得了弟子们的衷心拥戴和尊敬。在孔门师生这里，"孝"这种原本属于血缘与宗法范畴的伦理概念，已经超越了狭义上的亲情意义。

这种祭祀老师的模式，因为儒家的推扬而延续下来并成为一种传统。局限于孔门弟子之间的"祭孔"，因之具有了"血缘性"与"非血缘性"并行的特征，使得文化传承与亲情延续的意味同时存在，并行不悖，成为中国文化"尊师重教"的重要标志。正如李纪祥先生所言，"祭孔"成为具有流传与传承的文化大事，成为师生关系中的神圣性象征①。

二、文庙祭祀是儒家思想发展的风向标，也是历代政治与文化关系的集中展示

孔子在历史上地位的起伏、儒学在历史上地位的升降，均可以在文庙祭祀史上得以展现。尤其可从文庙从祀制度的变革中，发现儒学自身在学术、信仰等领域产生的变化。黄进兴先生对此有着精到见解："历代孔庙从祀制无疑均是一部钦定官修儒学史，十足体现历史上儒学的正统观。"②

文庙从祀制的确立与变化，直接地体现着儒家内部的学术风向。唐代贞观年间，以左丘明等二十二人配享文庙，他们专注于儒家经典的传

---

① 李纪祥：《代代相传：祭祖与祭孔的血缘性与非血缘性传统》，《长安大学学报》（社会科学版）2013年第3期，第5页。
② 黄进兴：《圣贤与圣徒》，北京大学出版社2005年版，第115页。

承，乃"传经之儒"的代表，这与唐初崇尚汉代经学的学术风气有必然的联系。此后，随着理学的兴起，孟子、子思地位升格，颜、曾、思、孟"四配"开始定型，而周敦颐、二程、张载、邵雍、朱熹等六人被尊为"先贤"，凌驾于汉唐诸儒之上——"明道之儒"地位上升，这无疑是理学道统观占据优势的直接体现。至清代，增祀贤儒中又出现了"行道之儒"，以诸葛亮、王夫之、黄宗羲、顾炎武等为代表。他们的出现，则与当时的社会形势紧张、急需治世之才以力挽狂澜的状况有密切关联。

在儒者看来，对于孔子学说和儒家经典有所发明、有所维护、可以教化人心、具有"扶纲常，淑人心"之功者，就应当被升入文庙从祀。然而"孔庙从祀，非寻常事"，从祀诸儒的选择和晋升，均需受到治统一方的认可与节制。而历代统治者大都热衷于此，在很大程度上是为了由此来获得政权的合法性。文庙祭祀作为国家祀典，为统治者所控制，黄进兴先生称之为"统治阶层的专利"，乃是"帝国运行不可分割的一环"，非一般百姓所能觊觎。①

三、文庙祭祀还具有一定的宗教与信仰意蕴

历代不断地兴建文庙、祭祀孔子，并非尊孔子为教主、立文庙为教堂，而是着眼于现实的政治需要及文化道统的确立。孔子并不像老子那样被道教徒们神化为教主，文庙祀典强调的是孔子的文化贡献，尤其是其为人类所制定的纲常伦理、道德教化。

然而，从另一角度看，儒学在历史上的确起到了宗教的某些作用。这种作用，主要体现在儒家所提倡的"四维""五常""八德"等社会教化准则，已经为广大民众自觉不自觉地接受，内化于心，千百年来一直贯彻实行。所以，儒学与其他宗教的不同就在于，它是一种信仰，而

---

① 黄进兴：《圣贤与圣徒》，北京大学出版社 2005 年版，第 183 页。

不是一种完全神学化的宗教。

文庙祀典彰显了对于圣贤人格的推崇，是士人感受群体优越性和文化价值的一条重要渠道。如果一位儒者能够被纳入文庙祭祀，就表明他的"道德文章"得到了朝廷的认可，其在儒学史中的正统地位也就得以确立。曲阜的阙里孔庙作为儒家文化的发祥地，历史上是儒生心灵的原乡之所，朝拜阙里，也成为儒士的宿愿[1]。入祀文庙，对士人来说则已是近乎信仰了。传统社会下的儒生普遍认为，从祀大典，乃乾坤第一大事[2]，以至于某些儒生"梦在两庑之间"，感叹"人至没世而莫能分食一块冷肉于孔庙，则为虚生"[3]。这些都体现了文庙祭祀对于士人群体的重要象征意义和心理抚慰作用。

文庙祭祀与经典的诠释、科举制度的推行和政教合一的政治体制，共同奠定了士人对于孔子和儒学的信仰。这种信仰尽管没有发展成为一种制度化的宗教，但其对于古人"安身立命"的功能，完全可以与宗教相仿佛。张载所说"为天地立心，为生民立命，为往圣继绝学，为万世开太平"[4]，正是儒家优秀分子对于自身信仰和使命的自觉表达。

四、文庙祭祀从本质上讲是对中国优秀传统文化的尊重与传承

孔子有功于中国文化，文庙之设，即是为了尊崇孔子之道。文庙除了祭祀孔子本人，还以"四配""十二哲""先贤""先儒"等历代儒家圣贤进行配享、从祀。从唐代以来，谁来配享孔子，谁来从祀孔子，都是官方研究决定的，而这些有资格配祀孔子的人，都是对儒学发展做出重要贡献的大儒。可见，文庙就是中国的"名人堂""先贤祠"。由此，文庙祭祀的文化意蕴便不言而喻。明儒王世贞曾言："文庙之有从祀者，佐其师，衍斯世之道统。"[5]文庙祭祀，首先在于尊崇孔子，为尊祀其教、

---

① 杨朝明：《礼制"损益"与百世可知——孔庙释奠礼仪的时代性问题省察》，《济南大学学报》2009年第4期。
② [明] 瞿九思：《孔庙礼乐考》，山东友谊出版社1989年版，第45页。
③ [清] 刘大鹏：《晋祠志》，山西人民出版社1986年版，第201页。
④ [宋] 张载：《张载集·张子语录》，中华书局1978年版，第320页。
⑤ [明] 王世贞：《弇州山人四部稿》卷115《山西第三问》，《四库全书》本。

尊祀其道。同时，更为重要的，还在于衍续儒学道统，尊重以孔子思想和儒家学说为代表的优秀传统文化。从这个意义上说，我们读懂文庙，才能读懂中国。

孔子祭祀既是孔氏族人祭祖的"家事"，又是中国人在文化上慎终追远的"国事"。今人祭祀孔子，也应该看作是对中国文化及其创造者们表达敬意的途径和方式，虽然这敬意对不少人来说已显得陌生和疏离。

绵延两千余年的文庙祭祀，作为中国文化史上非常独特的文化现象，其中所蕴涵的文化信息，有极多内涵值得挖掘。这对于我们深入理解中国政治、宗教、信仰与文化史，具有极大的价值。

第一章

文庙与文庙祭祀

文庙的建造,始于孔子故里曲阜,最初仅是茔不过百亩,封不过三版,祠宇不过三间①。经过后世的建设,文庙不仅在建筑数量上不断增加,其规模和品级也有很大提高。

在帝制中国,文庙是由国家统一修建的礼制性庙宇。其最主要的作用在于奉祀以孔子为代表的儒家圣贤。熊禾曾言:"尊道有祠,为道统设也。"②此处"祠"即指文庙。孔子是儒学宗师,为道统之源,因而祭祀孔子,即是为了尊崇儒家道统。对此,明洪武年间的侍郎程徐曾言:

> 天下民非社稷、三皇则无以生,非孔子之道则无以立。尧、舜、禹、汤、文、武、周公,皆圣人也,然发挥三纲五常之道,载之于经,仪范百王,师表万世,使世愈降而人极不坠者,孔子力也。孔子以道设教,天下祀之,非祀其人,祀其教也,祀其道也。③

程侍郎之言可谓精辟!文庙祭祀当然是为了纪念孔子,表彰他对中国文化的贡献;更为重要的是,文庙祭祀更彰显了历代对儒家文化的认同,体现出中国人对人生圆满、社会和谐的不懈努力与追求。

① [清]孔继汾:《阙里文献考》卷11,山东友谊出版社1989年版,第522页。
② [元]熊禾:《熊勿轩文集》,商务印书馆1936年版,第48页。
③《明史》卷139《钱唐传》,中华书局1974年版,第3981-3982页。

第一节 文庙原始

作为专门祭祀孔子及儒门先哲的国家礼制性建筑，唐宋以后，文庙遍及京师及地方各级行政区域，其建筑规模不断扩大，规格不断提高，在传统社会中发挥着重要作用。

"文庙"称谓的形成，经历了长时间的历史演变。两晋及南北朝时期，国学孔子庙被称为"夫子堂"，地方学校孔子庙名曰"宣尼庙"。唐开元年间，孔子被册封为"文宣王"，孔子庙又改称为"文宣王庙"。宋、金、元时，追随孔子封号的改变，其名称相继称作"至圣文宣王庙""大成至圣文宣王庙"等。从明代开始，地方学校称作"儒学"，孔子庙也改称"文庙"。

文庙的不断发展，与孔子地位的抬升密切相关。自从汉武帝推行独尊儒术以来，儒家思想渐成中国传统文化的主流，后世统治者无不把儒家文化的核心价值作为治国的纲领，儒学在官方意识形态中逐渐占据了统治地位。作为儒家学派创始人的孔子，也因此受到特别的尊崇，成为人们特别是士大夫阶层顶礼膜拜的偶像，祭祀孔子的活动逐渐发展为一种国家祀典。文庙之兴盛实源于此。

一、文庙溯源

文庙的鼻祖，应追溯至曲阜阙里。据南宋时孔子后裔孔传所作《东家杂记》记载："鲁哀公十七年，立庙于旧宅。"这是关于孔子庙建立时间最早的记载，后世多从其说。如清儒陈锦所订《文庙从祀位次考》亦谓："哀公十七年，即旧宅立庙以祀孔子。"但是，这个结论遭到了近代学者的质疑。讨论文庙祭祀，首先需要做的正是追溯文庙的源头。

孔子作为中国历史上第一位"私学"教师，不仅开创了划时代的"教育史"，而且对于整个中国文化的发展产生了不可估量的作用。按《史记·孔子世家》的记载，在孔子十七岁那年，鲁国大夫孟釐子卒，临终前命其子师从孔子。于是，"懿子与鲁人南宫敬叔往学礼焉"。不过，孔子真正开始大规模设坛讲学，大概从其三十岁开始。他晚年自谓"三十而立"[1]，恐怕即是对此而言。从三十岁到七十二岁，"孔子以诗书礼乐教，弟子盖三千焉，身通六艺者七十有二人。如颜浊邹之徒，颇受业者甚众。"[2]孔子渊博的学识、深邃的思想、仁慈的关爱、宽容的胸怀、伟大的人格，赢得了众弟子由衷的信任和爱戴，孔门内"其乐也融融"。尤其是经常见诸记载的十几位高足弟子，如颜回、子贡、子路、有子、冉有、曾参、仲弓、子张、子夏、子游等等，在长期跟随孔子的学习、生活中，与老师生发了极为深厚的感情，以后世之言"一日为师，终生为父"喻之，亦不为过。这种关系，已经超越了一般意义上的师生关系，可以称之为"拟血缘关系"。

正因为在人格上的巨大魅力、在思想上的巨大影响，孔门师徒间这种"拟血缘关系"其实已超出普通血缘关系所能传达的感情。这体现在两个方面：

一方面，孔子对弟子早卒所表现出的悲痛之情。孔子最心爱的弟子颜回"短命早死"，孔子连声高呼："天丧予！天丧予！""颜渊死，子哭之恸。从者曰：'子恸矣！'曰：'有恸乎？非夫人之为恸而谁为？'"[3]这是孔子去世前两年的事情。孰料，祸不单行，第二年，另一位心爱弟子子路去世。《孔子家语·曲礼子夏问》记载，当子路在卫国被杀之后，卫国的使者告诉孔子，子路被"醢之矣"时，孔子动情地"令左右皆覆醢"，长叹道："吾何忍食此！"这是孔子去世前一年之事。于此二例，

---

① 《论语·为政》。
② 《史记》卷47《孔子世家》，中华书局1959年版，第1938页。
③ 《论语·先进》。

我们可以见出孔子对弟子之深厚感情。

另一方面，从弟子对孔子的感情来说，同样表现了一种类似父子亲情又超乎父子之情的情感。《论语·先进》便记载孔子之言，"回也视予犹父也"，这自是实情。这种感情在孔子去世后更突出地表现出来，如《孔子家语·终记解》所记，孔子去世后，"门人疑所以服夫子者"，因为过去的丧服礼，并无为"师"服丧这一项，这属于前无成例可循的。这时子贡说："昔夫子之丧颜回也，若丧其子而无服，丧子路亦然。今请丧夫子如丧父而无服。"随后将夫子"葬于鲁城北泗水上"，殡葬"兼用三王礼，所以尊师，且备古也"。于是，弟子服"心丧"三年，独子贡"庐于墓六年"。"自后群弟子及鲁人处于墓如家者，百有余家，因名其居曰孔里"①。这充分体现了孔子于当时弟子及鲁人心目中的地位。

基于上述体认，不难想见，公元前 479 年，当为王道理想奔波了一生的孔夫子在鲁国去世时，人们是多么的悲痛！三百多年后，司马迁游历曲阜，"观仲尼庙堂车服礼器，诸生以时习礼其家，余祗回留之不能去"，后写下了《史记》中的名篇《孔子世家》，其中对孔子去世后的情况进行了较为详细的描述：

> 孔子年七十三，以鲁哀公十六年四月己丑卒。
>
> 哀公诔之曰："旻天不吊，不慭遗一老，俾屏余一人以在位，茕茕余在疚。呜呼哀哉！尼父，毋自律！"子贡曰："君其不没於鲁乎！夫子之言曰：'礼失则昏，名失则愆。失志为昏，失所为愆。'生不能用，死而诔之，非礼也。称'余一人'，非名也。"

---

① 《孔子家语·终记解》。

孔子葬鲁城北泗上，弟子皆服三年。三年心丧毕，相诀而去，则哭，各复尽哀；或复留。唯子赣庐于冢上，凡六年，然后去。弟子及鲁人往从冢而家者百有余室，因命曰孔里。鲁世世相传以岁时奉祠孔子冢，而诸儒亦讲礼乡饮大射于孔子冢。孔子冢大一顷。故所居堂、弟子内，后世因庙，藏孔子衣冠琴车书，至于汉二百余年不绝。①

这段资料为我们探讨文庙及文庙祭祀的由来提供了极为重要的线索，对于理解文庙的源头非常关键。而恰恰在这关键问题上，学者们的认识却出现了很大的分歧。其关节点有二：一为"冢"是否为"家"之讹的问题，一为"故所居堂、弟子内"的理解问题。

关于第一个疑问，日人泷川龟太郎《史记会注考证》引清儒阎若璩之说，以为"冢"当为"家"之讹，因为"乡饮、大射"在"冢"进行不合古礼。郭嵩焘亦曰："此'冢'字应作'家'。"这一观点得到了王叔岷先生②、韩兆琦先生③等史记学专家的认同。而这又与后文司马迁所谓"适鲁，观仲尼庙堂车服礼器，诸生以时习礼其家"相合。

而李纪祥先生则以为："阎氏与泷川氏之改字说似是而非，'孔子家'三字能成词否？孔子当时岂有曰居处为家者，司马迁此处行文可致其疑而不可径改其字也，改'冢'为'家'，读作'孔子家'尤不伦，不可从。"④不过，一些记载似乎印证了阎若璩等人的观点。《水经注·泗水》记载："（周公）台南四里许，则孔庙，即夫子之故宅也。宅大一顷。所居之堂，后世以为庙。"而宋本《北堂书钞》卷139则引作"孔子家大一顷"。但今人曲英杰先生指出了其中的可疑之处。他认为，此处所

①《史记》卷47《孔子世家》，中华书局1959年版，第1945页。
②王叔岷：《史记斠证》，中华书局2007年版，第1789—1791页。
③韩兆琦：《史记笺证》，江西人民出版社2005年版，第3272—3273页。
④李纪祥：《代代相传：祭祖与祭孔的血缘性与非血缘性传统》，《长安大学学报》（社会科学版）2013年第3期，第5页。

谓"家"当为"冢"之讹，而"宅"乃"家"之讹。因为根据《礼记·儒行》"儒有一亩之宫，环堵之室"、《尉缭子》"天子宅千亩，诸侯百亩，大夫以下里舍九亩"等记载推测，孔子故宅不可能大至"一顷"，因此，《史记》作"冢"应当是正确的①。《史记集解》引《皇览》曰："孔子冢去城一里，冢茔百亩"，与此"孔子冢大一顷"相合。但，韩兆琦先生以为，汉代"一顷"，约当今之数十亩。言下之意，司马迁所谓"孔子冢大一顷"，乃其当时所见者，非谓孔子时②。可备一说。

关于第二处疑问，即对于"故所居堂、弟子内"的理解，司马贞《索隐》以为："谓孔子所居之堂，其弟子之中，孔子没后，后代因庙，藏夫子平生衣冠琴书于寿堂中。"对此，清代梁玉绳在《史记志疑》中说道："《索隐》所说非也，方氏《补正》曰：当作'故弟子所居堂内'，传写误倒。"近人郑绪平《孔子世家商榷》承此说，曰："《世家》原文，有'故所居堂弟子内'句，词气殊失通畅，疑必有误。崔述所撰《洙泗考信录》，曾将'弟子'二字删除，固较原句为善，儒者亦多从之，余以为似有不尽然者……是以疑其原句当为'故弟子所居堂内'之误，'弟子'二字，乃错简误置耳。"③

而泷川氏引《汉书·晁错传》"先为筑室。家有一堂二内，门户之闭"，颜师古注引张晏曰："二内，二房也。"指出，此处"内"当作"室"解。王叔岷以为得之。弟子内，即孔子弟子所居之室。《礼记·内则》可以为证，以"堂"为"外"，以"室"为内。而上文所谓"故"，亦非"是故""所以"之义，乃"旧"义④。

李纪祥先生于此得出结论，此处所谓"后世因庙"的"故所居堂、弟子内"并非指"孔子故宅"，而位于"孔里"。进而得出结论，孔子

---

①曲英杰：《曲阜历代孔庙考述》，《孔子研究》1993 年第 3 期。
②韩兆琦：《史记笺证》，江西人民出版社 2005 年版，第 3273 页。
③郑绪平：《孔子世家商榷》，（台北）幼狮书店 1963 年版，第 191 页。
④王叔岷：《史记斠证》，中华书局 2007 年版，第 1789—1791 页。

庙最早位于"孔里"，而非"阙里"①。这一观点其实承自曲英杰《汉魏鲁城孔庙考》。曲英杰先生通过对各种史料记载的综合分析，得出了孔子去世后，孔子弟子为孔子立庙于阙里。而阙里孔庙今址在孔林北。古阙里与今曲阜城内阙里非一处。而直至东汉中后期，孔子庙一直立于此处。孔子庙迁入孔子故宅，大约在东汉顺帝永建四年（130）至阳嘉三年（134）之间②。然而这一结论，多为推测之词，并非定论。

我们以为，从《史记》的记载来看，"弟子及鲁人往从冢而家者百有余室，因命曰孔里。鲁世世相传以岁时奉祠孔子冢，而诸儒亦讲礼乡饮大射于孔子冢。孔子冢大一顷"与"故所居堂、弟子内，后世因庙，藏孔子衣冠琴车书，至于汉二百余年不绝"分属两事，不可混为一谈。而鉴于司马迁所谓"观仲尼庙堂车服礼器，诸生以时习礼其家"的说法与"诸儒亦讲礼乡饮大射于孔子冢"应为一事，则此"孔子冢"或真为"孔子家"之误，如从曲氏所言"孔子家大一顷"又与当时礼制不合，则此当作"孔子冢大一顷"，于是，一个合理的推论就是，"孔子冢大一顷"当为错简，应在"而诸儒亦讲礼乡饮大射于孔子冢"之前，如此，各种矛盾才得以化解。

而曲氏谓孔子周游列国前居于旧宅，返鲁后旧宅则为子孙居住，而其主要居住在讲堂内，讲堂并不与旧宅一处，而是居于所谓"古阙里"③。此亦为臆测之词。这里有两处疑点。一，孔子周游之前，已经拥有大量弟子，为何可以居于旧宅，而返鲁后年事已高，却弃旧宅弗居，而居于讲堂呢？二，孔子之子伯鱼先于孔子去世，其妻亓官氏已卒于孔子周游返鲁前，而其孙孔伋年龄不会成年，不可能单独居住。而且，孔子返鲁后，被尊为"国老"，虽不见用，但其地位仍在，我们经常会看到鲁哀公、

①李纪祥：《代代相传：祭祖与祭孔的血缘性与非血缘性传统》，《长安大学学报》（社会科学版）2013年第3期，第7页。
②曲英杰：《汉魏鲁城孔庙考》，《史学集刊》1994年第1期，第52页。
③曲英杰：《汉魏鲁城孔庙考》，《史学集刊》1994年第1期，第50页。

季孙氏对孔子的造访。因此，我们没有理由说孔子晚年不居于旧宅。

司马迁所谓"后世因庙"，孔祥林先生以为："可见故居早期只陈放孔子生前服用的衣冠琴车书，是纯粹的纪念馆，并没有说明改造为孔子庙的时间。"[1]并根据"大夫三庙"的礼制，推断孔子故居改为孔子庙的时间当在孔子裔孙子思去世之后，为孔子曾孙孔白所建。不过，需要注意的是，司马迁的记述说"故所居堂、弟子内，后世因庙，藏孔子衣冠琴车书"，显然是有庙而后藏诸衣冠等纪念物。而我们从"藏孔子衣冠琴车书"的记载来看，似乎不会太迟，而极可能即是孔子弟子或再传弟子所为。曲氏以为汉景帝时鲁恭王坏孔子宅一事，可以证明此时旧宅尚无庙。我们以为，所谓孔子庙，只不过是孔子所居堂，并非整个孔子旧宅皆为庙。因此，从恭王坏宅，无法得出孔子庙不在此处的结论。

而《后汉书·明帝纪》的一段记载，值得引起重视。永平十五年(72)，"三月……还，幸孔子宅，祠仲尼及七十二弟子。亲御讲堂，命皇太子、诸王说经"。这段文字明确显示出，明帝是在孔子宅祭祀孔子及其七十二弟子的，因此，所谓孔子庙不在旧宅的说法就显得牵强了，而随后说亲御讲堂云云，则表明讲堂即在孔子宅或其附近。于此，我们可以推论汉高祖过鲁"祠孔"、光武帝过鲁"祠孔"皆极有可能与明帝同，都在"孔子宅"进行。

参诸《史晨前碑》：

> 建宁元年到官，行秋飨，饮酒畔宫，毕，复礼孔子宅，拜谒神坐。

---

[1]孔祥林：《孔子庙创建时间考》，《孔子研究》2007年第6期，第120页。

又《史晨后碑》：

> 建宁元年四月十一日戊子到官，乃以今日拜谒孔子，望见阙观，式路虔跽，既至升堂，屏气拜手。祗肃屑僾，仿佛若在。依依旧宅，神之所安。春秋复礼，稽度玄灵。①

可知孔子"神坐（座）"即在孔子宅，"依依旧宅"更明确说明了"庙"与"宅"的关系。

这里需要指出的是，《史记·孔子世家》中所谓"庙"，并无"孔子庙""文庙"之称，却是日后文庙的雏形，这是毋庸置疑的。彼时之"庙"，远非后世可比，恐怕只是在孔子旧宅中的"居堂"辟为"庙"予以祭祀而已，所以刘邦、刘秀、刘庄等来曲阜"祭孔"，史书皆未言"庙"。但我们却不能得出庙不存在或不在旧宅的结论。尽管当时的"孔庙"，其性质只不过是孔子弟子、后学和孔氏后人对其祭祀纪念的场所，不具有后世"文庙"的官方性质，但可以说，这恰是后世"文庙"的鼻祖，也是文庙祭祀的雏形。

综上所述，旧宅之"庙"其实蕴含有"家"与"国"两个向度的内涵。首先，它具有"家庙"的性质；同时，由于孔子的文化贡献，它又超出了一家之私，即作为"文化"行为，纪念先圣先师的"学统""道统"的意义也蕴藏其中。难怪乎司马迁为孔子唱出了一首伟大赞歌："《诗》有之：'高山仰止，景行行止。'虽不能至，然心向往之。……天下君王至于贤人众矣，当时则荣，没则已焉。孔子布衣，传十余世，学者宗之。自天子王侯，中国言六艺者折中于夫子，可谓至圣矣！"②

---

① 刘续兵辑录：《建宁二年史晨前后碑》，杨朝明主编：《曲阜儒家碑刻文献辑录》第一辑，齐鲁书社2015年版，第27—46页。
② 《史记》卷47《孔子世家》，中华书局1959年版，第1947页。

可以说，阙里孔庙的性质是最为复杂的，"它既有孔子纪念庙宇的性质，也有孔氏家庙的性质，但还是列入国家祀典的礼制庙宇，作为世界上的第一所孔子庙具有特殊的地位"①。

二、关于"文庙"的称谓

历史上，文庙有"先圣庙""先师庙""文宣王庙"等多种称谓。据《礼记·文王世子》记载："凡始立学者，必释奠于先圣先师。"郑玄注曰："先圣，周公若孔子。"但"汉魏以来，取舍各异，颜回、孔子互作先师，宣父、周公迭为先圣"②，"第或圣或师，升降不一，迄于唐初尚无定论"③。所以，文庙有时被称为"先圣庙"，有时又被称为"先师庙"。例如，南朝刘宋时，文庙被称为"先圣庙"。而在隋代，多称其为"先师庙"，这是由于开皇元年（581），隋文帝杨坚尊孔子为"先师尼父"的缘故。直到贞观末年，"正孔子为先圣，加众儒为先师"④，孔子作为"先圣"的地位正式确立，"先圣庙"成为官方认可的称谓。此后，文庙又有"文宣王庙""至圣庙"的称谓，这是由于唐玄宗追封孔子为"文宣王"、宋真宗追谥孔子为"至圣文宣王"、元武宗加封孔子为"大成至圣文宣王"的缘故。例如，苏州文庙在宋代，就一度称为"文宣王庙"。

明清两代，孔子庙大多被称为"文庙"。究其原因，一是从唐玄宗追谥孔子为"文宣王"开始，后世帝王对孔子的封号中大都含有"文"字。按照古代谥法，"经纬天地为文""道德博闻为文""学勤好闻为文""慈惠爱民为文"。"谥号"是根据死者的生前事迹参照谥法追加的，它只适用于帝王、显宦和卓行德懿之人，而"文"字确实准确地表达出了孔子在道德、文章方面的巨大成就；另一方面，文庙是国家行为的祭祀建筑，代表着国家的精神，是正统文化的象征。作为国家推崇思想文化的标志，

---

①孔祥林：《孔子庙创建时间考》，《孔子研究》2007年第6期，第121页。
②[宋]王溥：《唐会要》卷35，中华书局1955年版，第636页。
③[清]孔继汾：《阙里文献考》卷14，山东友谊出版社1989年版，第580页。
④[宋]王溥：《唐会要》卷35，第636页。

"文庙"的名称是十分合适的。

对于"文庙"的称谓，历代并没有通过国家法令的形式给予明确规定。因此，其历史称谓还有个约定俗成的问题。例如，我们不能把"曲阜孔庙"称作"曲阜文庙"，也不能把"苏州文庙"称为"苏州夫子庙"。但是有一点不可否认，那就是"文庙"的这些不同称谓，与历代统治者对孔子的封号有着密切关系。从汉平帝追谥孔子为"褒成宣尼公"，首开帝王追谥孔子的先河，后世统治者不断地对孔子进行追谥加封。相应地，"文庙"的称谓即是对这种变化的封号不断调适的结果。例如，始建于北宋景祐三年（1036）的江阴文庙，范仲淹《景祐重建文宣王庙记》碑中称其为"文宣王庙"，这与宋真宗时追谥孔子为"至圣文宣王"是有直接关系的。到了明嘉靖九年（1529），明世宗厘定祀典，改称孔子为"至圣先师"，江阴文庙因此又奉诏改为"先师庙"。

历代统治者之所以如此尊崇孔子，是因为他们意识到孔子所代表的儒家思想是使国家长治久安的根本保障。汉代以前，儒学未曾与君主权力结成密切关系，基本处于自由发展的状态。从汉代开始，儒学转而与君权结合，逐步得到官方认可，成为统治者的"守成"之学，儒家思想一跃而成为君主专制中央集权国家的官方意识形态。因此，历朝历代不断修建文庙，以显示国家崇儒尊道之决心。在这一过程中，孔子的形象由一个有教无类的"夫子"，逐渐转化为"帝王师"，最后汇归为"万世道统之宗"，成为中国文化的象征。"文庙"的称谓也符合上述发展变化，由"宣尼庙"，进而到"先圣庙""先师庙"，再到"文宣王庙"，最后到"文庙"，体现出文庙由弟子、后裔单纯祭拜孔子的"家庙"，向代表中国文化的"国庙"的转变。

第二节 文庙的发展沿革

建筑是凝固的文化，文庙的"规格"具有丰富的文化内涵。以文庙规格的升降为线索，我们可以将文庙的发展历史大体分为三个阶段，即战国至秦、汉时期的准备阶段，魏、晋到隋、唐时期的完善阶段，宋、元、明、清时期的繁荣阶段。

一、准备阶段：春秋、战国至秦汉时期

文庙产生于春秋末期的鲁国，终战国之世，其发展情况未见于传世史籍。秦统一后，秦始皇采纳法家"不法常古"的思想作为其文化政策的指导原则，极力压缩儒生及儒家思想的生存空间。在这种环境下，文庙自然无法得到重视。

汉初君主崇尚黄老之学、刑名之术，对儒家的态度时冷时热。高祖刘邦"不好儒"，"与人言，常大骂。未可以儒生说也"[1]。但他却以太牢祭孔子，首开帝王祀孔先河。皇帝的重视必然带来官僚的效仿，《史记·孔子世家》曰："诸侯卿相至，常先谒然后从政。"汉武帝以强调"独尊儒术"为后世称道，但他对于文庙建设却毫无作为。甚至在武帝时，还出现了鲁恭王刘馀以扩建宫室为名而坏孔子旧宅的情况。虽因发现"孔壁藏书"而在学术发展史上留有影响，但此举终究为文庙之厄，致使后儒引以为耻。由此可知，文庙在当时只能说是尊而不贵。

但是到了西汉末年，文庙已出现由"私"向"官"转化的因素。这种趋势在东汉时期更为明显。首先，孔子及其后裔受到朝廷册封。平帝元始元年（1），孔子被封为"褒成宣尼公"。孔子之有谥实始于此。

---

[1]《史记》卷97《郦生陆贾列传》，中华书局1959年版，第2693页。

孔子后裔受到朝廷重视则可以追溯到秦朝。孔子九代孙孔鲋因博通六艺，被召为"鲁文通君"，拜少傅。孔元措以此为孔子后裔享有封爵之始①。但此举纳贤的意味更重，而非纯粹意义上的册封。西汉元帝时，诏"褒成君"孔霸以所食邑祀孔子，首开世爵奉祠的先例，初步突出了文庙的"官庙"性质。其次，东汉一代，帝王巡幸阙里渐趋寻常。除开国皇帝光武帝刘秀外，另有明帝、章帝和安帝亲临曲阜，祭拜孔子及其众弟子。第三，朝廷设立守庙官，也是文庙官化的重要表现。东汉桓帝时，司徒吴雄、司空赵戒以前鲁相乙瑛之言，上书请于孔庙置百石卒史一人，"典主守庙，春秋飨礼，财出王家钱，给犬酒直"②。桓帝准可。时乙瑛已离任，遂以孔和补之。守庙官的确立，表明文庙的管理由孔子后裔的个人行为改变为国家行为，初步奠定了文庙在国家政治生活中的地位。

当然，文庙器物能够长期得到保存，并非仅是由于中央政府的重视使然，更是由孔子后人、弟子与孔里百姓对孔子的敬仰所自发造成。除上文所引《史记·孔子世家》记载外，桓谭《新论》中也记载："孔子匹夫耳，而卓然名著。至其冢墓，高者牛羊鸡豚而祭之，下及酒脯寒具，致敬而去。"③此时帝王对孔子的重视，显然与孔子后人及民间的崇仰不能相提并论。《史晨后碑》所载祀孔盛况，官吏贤达、泮宫弟子等多至907人，不难想见孔里乡亲也多有顶礼膜拜者。鲁相史晨在昌平亭下立"会市"，是因"孔渎、颜母井去市辽远"，不方便百姓"酤买"。可见立"会市"之前，虽"去市辽远"，众乡亲还是常买"香酒美肉"去孔子出生地祭祀，显示了当地人民对孔子的尊崇追慕④。

二、完善阶段：魏、晋至隋、唐时期

两汉之时，孔子庙建筑尚未出阙里。后遭汉末大乱，旧居之庙，毁

---

① [金]孔元措：《孔氏祖庭广记》卷3，商务印书馆1936年版，第21页。
② 房伟辑录：《永兴元年乙瑛置守庙百石卒史碑》，杨朝明主编：《曲阜儒家碑刻文献辑录》第一辑，齐鲁书社2015年版，第12—26页。
③ 参见《太平御览》卷862所引，中华书局1960年版，第3822页。
④ 刘续兵辑录：《建宁二年史晨前后碑》，杨朝明主编：《曲阜儒家碑刻文献辑录》第一辑，齐鲁书社2015年版，第27—46页。

而不修。至两晋南北朝，群雄割据，战乱不断，致使政权更迭，民生困顿。阙里孔庙亦"庭宇倾顿，轨式颓弛"①。与此同时，随着南北政权的分峙，文庙得以加速向外地扩展。首要表现就是各割据政权在其京师相继建立文庙。太元十年（385），东晋孝武帝在京畿设立宣尼庙，以祭祀孔子，开启了文庙的国立化进程。此后，永明七年（489），南朝齐武帝亦于首都立庙；而作为回应，北魏孝文帝于同年（太和十三年）在其京师平城建立文庙。与此相类似，北周宣帝大象二年（580），诏立文庙于京师。稍后，至德三年（585），南朝陈后主亦下诏改筑旧庙，以时祭祀。南北割据政权竞相立庙，意在宣示文化传承的正统性，也充分展现了文庙在维护政权统治中所发挥的"象征力量"。

京师立庙虽首开文庙外地化进程，但其影响范围依然有限。此时，"庙学制"的出现则把文庙真正推向了各地。"庙学"，顾名思义就是学校与庙宇相结合，此处所称"庙"，并非一般意义上的庙宇，而是特指文庙。因此，"庙学制"就是指以文庙为主轴而展开的儒家传统教育，包含了以文庙为中心的祭祀空间和以讲堂为中心的教学空间，形成了庙中有学、学中设庙、庙学合一的形制。

在这种建制的影响之下，上达中央官学，下迄地方学校，均呈现"庙学相依"的格局。东晋太元九年（384），尚书谢石上书："请兴复国学，以训胄子。"孝武帝采纳了他的建议，"其年选公卿二千石子弟为生，增造庙屋一百五十五间"②。这是第一所建在国家最高学府的文庙，为文庙与学校的结合奠定了基础。到北齐时，文宣帝天保元年（550），又令郡学立孔、颜庙，此为地方官学立文庙之始。

唐朝建立伊始，高祖武德二年（619），"天下略定，即诏有司立周公、

---

① 《宋书》卷14《礼志一》，中华书局1974年版，第366页。
② 《宋书》卷14《礼志一》，第365页。

孔子庙于国学，四时祠"①。贞观四年（630），唐太宗又诏"州、县学皆作孔子庙"②。从此，"州、县莫不有学，则凡学莫不有先师之庙矣"③。于是，借助"庙学制"的"东风"，文庙完成了在全国的布局。

　　"京师立庙"与"因学设庙"，是此一时期推动文庙建设的两大因素。两者之间的关系更多的是相互促进、相辅相成，但也存在一些区别。具体说来，"京师立庙"的政治意味更加突出，表现出对文化正统观的直接追求。而"因学设庙"则是学校祭祀的延续，体现的是道统的传承，虽然仍受到皇权的影响，但具有相对的独立性。从总体上看，两者是同时进行的，并无明显时间先后的划分，有时过程上还有交叉。总之，在两种因素的共同影响下，文庙逐步从阙里走向全国。

　　文庙历来为主祀孔子之所在，因而其规模的扩大、规格的提升，势必与孔子地位的变化、抬升密切相关。所以，周公与孔子在唐代的"先圣"之"争"也值得我们关注。武德七年（624），高祖幸国子学，亲临释奠，以周公为先圣，孔子配。贞观二年（628），唐太宗采纳左仆射房玄龄、博士朱子奢的建言，"乃罢周公，升孔子为先圣，以颜回配"④。贞观二十一年（647），太宗又诏以左丘明等二十二人"配享尼父庙堂"。高宗永徽年间，再改为圣周师孔；显庆二年（657），长孙无忌、许敬宗等领衔上疏，祈求"改令从诏"，"从此以孔子为中心的从祀制乃固若磐石，永为定制"⑤。开元二十七年（739），唐玄宗追赠孔子为"文宣王"，并赐予所有从祀儒者爵号。到唐开元末年，祭祀先圣孔子已经升为国家祀典中的"中祀"，与祭日月星辰、祭社稷、祭先代帝王处于同等地位，祀典规格上了一个新的台阶。

①《新唐书》卷198《儒学传》，中华书局1975年版，第5635页。
②《新唐书》卷15《礼乐志五》，第373页。
③[元]马端临：《文献通考》卷43《学校考四》，中华书局1986年版，第411页。
④《新唐书》卷15《礼乐志五》，第373页。
⑤黄进兴：《圣贤与圣徒》，北京大学出版社2005年版，第56页。

三、繁荣阶段：宋、元、明、清时期

唐朝末年，藩镇割据，战乱频繁。尽管如此，执政者依然重视和推崇儒学，这在客观上起到了保护文庙建筑的作用，也为此后文庙的繁荣发展奠定了基础。

两宋时期，得益于统治者的高度重视，文庙获得进一步发展。景德四年（1007），宋真宗下诏命令诸州县文宣王庙并官给钱完葺，不得辄赋民财。由于官府出资修葺各地文庙，经费得到保障，促进了文庙建筑的保护和建设。地方政府纷纷整修文庙，出现了"献地输财，惟恐居后"，"皆裹粮荷锸以供役事"的繁荣景象①。

文庙的快速发展，还与这一时期统治者对孔子的册封进一步升级密切相关。大中祥符元年（1008），宋真宗加谥孔子为"玄圣文宣王"，旋因国讳改谥为"至圣文宣王"，并敕孔子冕十二旒，服十二章，执镇圭，如帝王之制。

不同于前代仅仅依靠统治阶层的推动来发展文庙，宋代大规模修建文庙还有兴学办教育的因素。时人认为文庙可以使"人知向学"，能激发书生积极进取的精神。文庙的教育功能得到重视，改变了前代重庙轻学、重祭祀轻教育的传统。因而，伴随着兴学运动的发展，各地在修建学校的同时，也都纷纷设置文庙。

元朝时，文庙在前朝的基础上有了很大的发展，最突出的成就是建立了北京文庙。为了强化思想统治，笼络汉族贵族和士大夫，元世祖忽必烈命宣抚王楫于金枢密院建宣圣庙，以祭祀孔子。元大德六年（1302）开始建庙，大德十年（1306）正式建成。明、清两代屡加修葺、扩建，至今已有 700 余年的历史。

---

①见于《宋代蜀文辑存》卷95，转引自范小平：《中国孔庙》，四川文艺出版社 2004 年版，第32页。

　　明代以前，国家对文庙的建制并没有明确规定，其建筑规格大多依统治者的重视程度和建庙时的财政状况而定。明洪武三十年（1397），太祖朱元璋命工部按照"大成殿门各六楹，灵星门三，东西庑七十六楹，神厨库皆八楹，宰牲所六楹"的制式扩建文庙[①]，此后相沿成制。清顺治十四年（1657），清代第一次大规模修葺北京文庙时，其规制仍沿用明太祖的这一规划。

　　至清代，文庙的建设得到空前发展。因天灾、战乱等因素而遭破坏的前代文庙，此时基本得到了恢复。加之朝廷积极推进地方文庙的建设，因而中国现存的文庙建筑大多是这一时期的遗存。清代文庙建筑格局和样式基本上承袭明制，但规模、规格均得到大幅提升。雍正二年（1724），曲阜阙里孔庙因遭灾而重建，雍正八年（1730）庙成，以"黄瓦画栋"，而此时其他文庙皆用绿瓦。乾隆二年（1737），乾隆帝又特命京师文庙的大成门和大成殿两建筑皆用黄瓦。众所周知，中国传统社会中，黄色为皇帝御用的颜色，文庙获得黄瓦加盖的制式，体现了其地位的尊崇。

　　文庙是各地建筑中仅有的享受皇家礼制的建筑群，成为各地方独特的建筑景观。促成此种状况形成的因素包括巩固政权的需要、帝王个人的推崇等诸多方面。这些因素在清代表现得最为突出。作为少数民族建立的政权，清王朝对文化的正统性问题十分重视，而文庙作为正统文化的代表，必然会受到统治阶层的特别关注。因此，在对待文庙的态度上，清朝统治者均不落后于前代。入关前，皇太极就于崇德元年（1636）建庙于盛京，遣大学士范文程致祭。入关后的十朝皇帝对文庙更加看重，顺治帝先后两次册封孔子，康熙帝专程到曲阜祭祀并行三跪九叩大礼，雍正帝则动用国库帑金15.7万两修建曲阜阙里孔庙，乾隆帝更是前后共

---

①《明史》卷50《礼志四》，中华书局1974年版，第1297页。

八次来曲阜祭拜。又，除顺治皇帝外，自康熙皇帝始至末代宣统皇帝止，每一任皇帝登基前都要亲临国子监辟雍讲学一次，然后在文庙大成殿内书匾一方高悬，如康熙的"万世师表"、雍正的"生民未有"、乾隆的"与天地参"等。到光绪三十年（1906），光绪帝将文庙祀典升格为大祀，文庙可以按九楹三阶五陛制造，用八佾舞，祀日皇帝亲行释奠。统治者的这些举措，也极大地促进了地方政权的积极性，各地官员上行下效，唯恐落后，纷纷建设文庙。

总体来说，清代文庙在前朝基础上修葺、建设，不断扩大、更新，最终发展到大江南北，就连少数民族地区和边疆地区也都建立了文庙。据统计，截至清末，全国的府、州、县共设立文庙达1740多处。

第三节 文庙与释奠礼

中国人习称的"孔庙"，实际上应当称之为"文庙"。文庙是用来祭祀孔子及历代儒家圣贤的国家礼制庙宇。文庙祭祀在传统社会中又被称之为"释奠礼"，乃"国之要典"。

一、"释奠"溯源

"释奠"本是一种古老的祭祀礼仪，"释"意为设置，"奠"指供献祭品。早在周代官学中，已经有祭祀先师之礼。《礼记·文王世子》中记载："凡学，春，官释奠于其先师，秋冬亦如之。凡始立学者，必释奠于先圣先师。"每年四季，学官都要在学校举行祭祀先师的释奠礼。文中又言："及行事，必以币。凡释奠者，必有合也。有国故则否。"这是说，除国家遭遇到特殊的凶险状况外，释奠礼都要正常举行，而且除了正常脯醢菜酒的供奉外，有时还用币行礼，并合乐。因此，"释奠礼"是一种以陈设酒食为表现形式并包含行礼、奏乐等其他环节的祭祀仪式。

上古时期，释奠礼主要施行于学校。《礼记·王制》曰："释奠于学。"《礼记·文王世子》记载，春、夏、秋、冬四季，学官都要在学校举行祭祀先师的释奠礼，以表达对先师的敬仰。天子来学校视察时，同样会举行释奠礼。《礼记·文王世子》曰："天子视学，大昕鼓徵，所以警众也。众至，然后天子至，乃命有司行事，兴秩节，祭先师、先圣焉。有司卒事反命，始之养也。适东序，释奠于先老。"天子来到学校，首先命令学官各行其职，按照常礼祭祀先圣、先师。学官们祭祀完毕，开始行养老之礼。这时天子会来到东序，以祭奠先老。

天子率军出征前和胜利返回之时，也会在学校行释奠礼。《礼记·王制》曰："天子将出征，受命于祖，受成于学。出征执有罪，反，释奠于学，以讯馘告。"《诗经·鲁颂·泮水》亦曰："矫矫虎臣，在泮献馘。"出征前，定兵谋于学，出征归来，则需要向先师献俘，以报告成功，这是学校释奠的一大特色。

除学校释奠外，山川、宗庙、祢庙等祭祀时亦可施行释奠礼。《周礼·春官宗伯·大祝》曰："大会同，造于庙，宜于社。过大山川，则用事焉。反行舍奠。"据贾公彦《疏》，此时释奠礼仅用于宗庙。需要指出的是，学校祭祀一般仅限于施行释奠礼，而山川、宗庙等祭祀活动还可施行封禅、禘礼、祫礼等多种仪式，释奠仅是个别情况下施行的仪式。

释奠礼主要在学校举行，以"先圣先师""先老"为主要祭祀对象，但"先师先圣""先老"具体何指，文献中或者不提，或者语焉不详。我们认为，当时所谓的"先师先圣""先老"并非指特定的某一个人或某些人，凡是给人类带来无限福祉的文明先驱，都应该是师生祭祀的对象。上古时期，释奠礼固然与祭祀孔子毫无关联，但山川庙社之祭不止于释奠，而学校祭祀仅释奠而已。从根本上来说，释奠礼是一种与"学"和"教"有关的活动，这也是释奠礼在后世演变为孔子祭祀专称的内在依据。

二、释奠礼与祭祀孔子

古人非常重视祭祀。早在孔子以前，春秋时期的鲁国大夫展禽就曾经说："夫祀，国之大节也；而节，政之所成也。故慎制祀以为国典。"在他看来，祭祀绝不是随意进行的，确定祭祀的对象有一定的原则，因为祭祀制度与国家的治理密切相关。《周礼·春官》中提及"大司乐"时曾说，古代的"有道有德者"不仅要请他们在学校任教，教育子弟，死后还对他们进行祭祀。那么能被纳入祭祀范围的还有哪些人呢？展禽认为："法施于民则祀之，以死勤事则祀之，以劳定国则祀之，能御大灾则祀之，能捍大患则祀之。"这是"圣王制祀"之标准，"非是族也，不在祀典"。"加之以社稷山川之神，皆有功烈于民者也。及前哲令德之人，所以为明质也；及天之三辰，民所以瞻仰也；及地之五行，所以生殖也；及九州名山川泽，所以出财用也。非是不在祀典"[1]。

孔子在中国文化史上的地位决定了后人对他的尊崇。元朝武宗即位时，曾经下诏书说："先孔子而圣者，非孔子无以明；后孔子而圣者，非孔子无以法。"[2]其中对孔子的评价，与后世学者的认识是一致的。现代史学家柳诒徵先生说："孔子者，中国文化之中心也；无孔子则无中国文化。自孔子以前数千年之文化，赖孔子而传，自孔子以后数千年之文化，赖孔子而开。"[3]梁漱溟先生也说："孔子以前的中国文化差不多都收在孔子手里，孔子以后的中国文化又差不多都从孔子那里出来。"[4]孔子身上承载了上古三代的历史文化，凝结着孔子以前中国先人的智慧创造，更奠定了中国文化的基本精神，影响后世既深且远。孔子"有功烈于民"，理应受到后人的祭祀。

此外，古人祭祀，每事必祭其创始者。孔子创立儒家学派，后世儒家"宗

---

①《国语·鲁语上》。
②王献：《成化年间修刊孔氏宗谱》，转引自高尚榘、赵强：《中外名人学者赞孔子》，陕西人民出版社 1993 年版，第 46 页。
③柳诒徵：《中国文化史》，东方出版中心 1988 年版，第 231 页。
④梁漱溟：《东西文化及其哲学》，商务印书馆 1999 年版，第 150 页。

师仲尼"，以孔子为师，那么孔子亦应享受祭祀。如此，后世在文庙中祭祀孔子便具有了经典的依据。

从周代最初的入学仪式，到后来祭祀孔子，祭礼在形式上有很大不同。随着孔子、儒学地位的提升，文庙释奠礼仪也不断完备。汉高祖曾经以太牢祀孔子，开历代官方祭祀孔子之先河。东汉时期，孔子被尊为"先师""先圣"，成为帝王们尊崇膜拜的对象。汉朝、魏晋时期，曲阜阙里孔庙由孔子直系后裔四时祭祀，官方的祭祀一年两次，用东汉时期《乙瑛碑》中的话说，就是"春秋飨礼，财出王家钱，给犬酒直"①。晋武帝泰始年间，命鲁国四时备三牲奉祀；至清代，仍然于每年的四仲月举行。

宋代是文庙祭祀较为隆盛的历史时期，宋太祖赵匡胤曾亲谒孔子庙，下诏增修祠宇等；宋真宗大中祥符年间，赐书孔子庙，诏立孔子庙学舍，颁授孔子庙从上公之制，还追封孔子弟子，并颁布释奠仪注及祭器图，建庙学。以后，宋制影响较大。明朝初年，朱元璋规定仲春、仲秋的第一个丁日，皇帝降香，遣官祀于国学，分别以丞相、翰林学士、国子祭酒为初献、亚献、终献。清代定都北京后，在京师建国子监立文庙，专门用来举行每年的祀孔大典，祭祀规格上升为大祀，奠帛、读祝文、三献、行三跪九拜大礼，与天地、社稷、太庙的规格齐等。

文庙释奠礼中还有专用的乐舞，以乐、歌、舞与礼相互配合，是文庙释奠礼的重要特色。其实，每朝每代的礼乐往往又有不同。在古人的观念中，礼不相沿，乐不相袭，改朝换代之后，一般都制礼作乐，因而历代制定的祭祀孔子的乐舞均有不同。在历代更迭变化的基础上，明太祖朱元璋于洪武元年（1368）命乐律官更制乐谱。洪武二十六年（1393），

①房伟辑录：《永兴元年乙瑛置守庙百石卒史碑》，杨朝明主编：《曲阜儒家碑刻文献辑录》第一辑，齐鲁书社 2015 年版，第 12—26 页。

向曲阜及全国颁布"大成乐"以专祀孔子。明宪宗成化十三年（1477），增祭祀乐舞为八佾，加笾、豆为十二，以皇帝用乐和祭祀天神礼仪的规格祭祀孔子。明乐继承了唐以来乐、歌、舞三位一体的综合艺术形式，应当说，明代的释奠乐舞已经趋向于完善和精练。清朝康熙六年（1667），再作"中和韶乐"，为释奠孔子之用。乾隆八年（1743），颁给全国各郡县及阙里孔庙"四时旋宫"之乐，对康熙时的乐名有所改动，全曲更为六章八奏。民国年间，基本沿袭了这一乐舞程序。

第二章

文庙释奠礼仪的
形成与发展

文庙祭祀，作为一种特殊的祭祀活动，在中国有着两千多年的历史，明清之际达到了鼎盛。历代的文庙祭祀中，释奠礼都是最高规格的祭祀礼仪，甚至在某种程度上成了文庙祭祀的专称。然而，当我们考诸历史记载后不难发现，这二者合并为一其实经过了漫长的历史时期。

第一节 文庙释奠礼仪的源流

我国古代非常重视祭祀，有"国之大事，在祀与戎"之说[1]。"祭"字，由"手""月"（即肉）和"示"（即神）三个象形独体字构成，古音同杀，有杀生之义，本指杀牲（以手持肉）以献神。"祀"字，《说文解字·示部》："祭无已也。"也就是祭祀不断的意思。可见，古人以拜"天地山川"为"祭"，祈求天地山川及神灵的佑护；以拜"祖宗先人"为"祀"，寄望于后代子孙的繁衍不绝。后来，祭与祀逐渐合成为一个词。

祭祀的对象有三类：天神、地祇、人鬼。关于祭祀对象的选择标准，鲁国贤人柳下惠（即展禽）就曾经有精辟论述：

> 夫圣王之制祀也，法施于民则祀之，以死勤事则祀之，以劳定国则祀之，能御大灾则祀之，能捍大患则祀之。非是族也，不在祀典。
>
> 加之以社稷山川之神，皆有功烈于民者也。及前哲令德之人，所以为明质也；及天之三辰，民所以瞻仰也；及地之五行，

---

① 《左传·成公十三年》。

所以生殖也；及九州名山川泽，所以出财用也。非是不在

祀典。

他认为"有功烈于民""前哲令德之人"都应在祭祀的范围之内①。

儒家重视祭祀，更多地是着眼于血缘宗法社会的现实需要。祭祀祖先，乃出于对亲情的维护与延续，而源自于血缘的亲情则是维系宗法社会和谐秩序的一个重要纽带。通过连续不断的庄严的仪式，追思前人的恩德，使自己的内心得到升华。因此儒家提倡祭祀的意图就是所谓"慎终追远，民德归厚"②，要实现的还是社会秩序的稳定与和谐，这也是一种"神道设教"的教化之道。从这个意义上说，"释奠礼"正是对"前哲令德之人"的追思和纪念。

"释奠"一词，现在看到的最早记载是《礼记》之《王制》与《文王世子》篇。《王制》曰："释奠于学。"郑注："释菜奠币，礼先师也。"《文王世子》云："凡学，春，官释奠于其先师，秋冬亦如之。"又谓："凡始立学者，必释奠于先圣先师。"又云："天子视学……适东序，释奠于先老。"可见，其对象乃"先圣先师""先老"，而这又都与"学"有关。至于"先圣先师""先老"到底何指，至汉代时，学者已语焉不详，即使郑玄这样的经学大师在注释时也是前后矛盾，错误丛出了。

而《周礼》《仪礼》《礼记》中尚有释菜、释采、舍采、舍奠等相关记载。郑玄以为，"释"与"舍""采""菜"通假，"舍奠"即"释奠"。而郑注又谓"释菜"较"释奠"为轻。"释奠者，设荐馔酌奠而已，无迎尸以下之事"。不过，综合《周礼》中关于"舍奠"的记载，主要集中于山川或宗庙之奠。

①《国语·鲁语上》。
②《论语·为政》。

释奠礼举行的时间，根据孔颖达和元代马端临《文献通考》的说法，有"常时之释奠"与"非时之释奠"之分。常时，谓春、夏、秋、冬四时所行之释奠。非时，指"始立学""天子视学"和"出征反"之时的释奠。而主持者乃"有司"或"官"，可见是一种官方祭祀活动。

于此可知，此时的释奠礼虽然肯定与"孔子"无关，却是一种与"学""教"有关的祭祀活动，这便为日后释奠礼与孔子祭祀合流奠定了基础。

第二节 文庙释奠礼仪的雏形

（一）文庙释奠礼在两汉时期初步形成

官方祭祀孔子可以追溯到汉初。据司马迁记载，汉朝的开国皇帝高祖刘邦就曾"过鲁，以太牢祠焉"[1]。班固也说，汉高祖十二年（前195）十一月，刘邦自淮南过鲁，以"大牢祠孔子"[2]。刘邦早年以蔑视儒生闻名，但在其政权建立之后，因陆贾的劝谏，加之叔孙通为其制定礼仪，方认识到儒学对其统治的重要性。此番过鲁，恐怕也是出于叔孙通等儒臣的主意。汉高祖以太牢之礼祭祀孔子，向天下的儒生和士人发出信号，从而吸引更多的士子进入汉政权。这次祭祀，开了后世皇帝和官方祭祀孔子的先河。

不过，我们也不能过高地估计它的意义。汉初主要推行的是黄老之学，儒学尚未受到真正的重视，孔子的价值并没有得到统治者的充分认可。在很长一段时间里，对孔子的祭祀都没有提上议事日程。即使在汉武帝采纳了董仲舒"独尊儒术"的建议之后，对孔子的官方祭祀也是迟迟不

---

[1]《史记》卷47《孔子世家》，中华书局1959年版，第1946页。
[2]《汉书》卷1《高帝纪》，中华书局1962年版，第76页。

见踪影。

虽有高祖刘邦以太牢亲祀孔子，似乎体现出他在取得政权前后对儒学态度的某种转变；亦有武帝刘彻倡导独尊儒术，也似乎体现出治统与道统关系的某种融合；但终西汉一朝，官方的孔子祭祀一直没有真正出现。刘邦过鲁祭祀孔子，更多是出于争取鲁地儒生的考虑，并消除项羽势力对这一地区的影响。皇家重视的始终是刘氏的宗庙祭祀，关心的终归是一家统治的巩固。比如，汉宣帝太子认为当时的政策"持刑太深，宜用儒生"，宣帝作色曰："汉家自有制度，本以霸王道杂之，奈何纯任德教、用周政乎！且俗儒不达时宜，好是古非今，使人眩于名实，不知所守，何足委任！"乃叹曰："乱我家者，太子也！"[1]这种思想与儒家的王道追求反差极大，体现出统治者欲以治统凌驾于道统之上的鲜明诉求。连号称"最服膺儒术"、为太子时受到宣帝训斥的元帝，也不曾亲自祭祀孔子，只是在孔子后裔孔霸的请求下，允许其以家族方式奉祀孔子[2]。

然而，有一些信息仍足堪玩味。《汉书·循吏传》记载，汉景帝、武帝时期，文翁任蜀郡太守，修学宫。据黄汝成《日知录集释》："汉文翁成都石室设孔子坐像……七十二弟子侍于两旁。"朱彝尊《曝书亭集》卷56亦有类似说法，后世甚至有《文翁礼殿图》行世[3]。可以推想，设孔子像则本应有祭祀之事。这虽是地方个别行为，却表明孔子远在边陲也已得到足够的推崇。

西汉后期，朝廷已经开始对孔子祭祀有所重视。据《孔氏祖庭广记》卷5载，"前汉元帝初元中，下诏太师褒成君霸以所食邑八百户祀先圣"。《册府元龟》对此有详细记载：

---

[1]《汉书》卷9《元帝纪》，中华书局1962年版，第277页。
[2][宋]王钦若等编：《册府元龟》卷49，中华书局1960年版，第549页。
[3]参见胡兰江：《文翁礼殿图小考》，《中国典籍与文化》2002年第3期，第31—34页。

元帝即位，征高密相孔霸为师。霸上书，求奉孔子祭礼。帝下诏曰："其令师褒成君、关内侯霸以所食邑八百户祀孔子焉。"故霸还长安，子福名数于鲁，奉孔子祀。帝好儒术文辞，颇改宣帝之政，言事者多进见，人人自以为得帝意。①

相关记载亦散见于《汉书·孔光传》。

汉成帝绥和元年（前8），经梅福建议，封孔子后孔吉为殷绍嘉侯。二年，又下诏："封孔子世为殷绍嘉公。"而汉成帝封孔子之世以为殷后，名义上是以"通三统"为理由，诏书也以此为词，但从其奏言中来看，其真实目的是借机抬高孔子的地位②。

汉平帝元始元年（1）正月，王莽当政；六月，封"孔子后孔均为褒成侯，奉其祀。追谥孔子曰褒成宣尼公"③。"封周公、孔子后为列侯，食邑各二千户。莽更封为褒成侯，后避王莽，更名均"④。四年，改封殷绍嘉公曰宋公。

东汉时期，官方的孔子祭祀因皇帝的数次临幸而得以出现。《孔氏祖庭广记》云："后汉光武建武五年，破董宪，还幸鲁，使大司空祀先圣。"《后汉书·光武帝纪》也记载了这次祭祀："冬十月，还，幸鲁，使大司空祠孔子。"汉明帝永平十五年（72），"三月……还，幸孔子宅，祠仲尼及七十二弟子。亲御讲堂，命皇太子、诸王说经"⑤。汉章帝元和二年（85）三月，"祠孔子于阙里，及七十二弟子"⑥。对此，《册府元龟》的记载更为详实：

---

① [宋]王钦若等编：《册府元龟》卷49，中华书局1960年版，第549页。
②《汉书》卷67《梅福传》，中华书局1962年版，第2924—2927页。
③《汉书》卷12《平帝纪》，第351页。
④《汉书》卷81《孔光传》，第3365页。
⑤《后汉书》卷2《明帝纪》，中华书局1965年版，第118页。
⑥《后汉书》卷3《章帝纪》，第150页。

东巡狩，还，过鲁，幸阙里，以太牢祀孔子及七十二人，作六代之乐。大会孔氏男子二十以上者六十三人，命儒者讲论兰台，令史孔僖因自陈谢。帝曰："今日之会宁于卿宗有光荣乎！"对曰："臣闻明君圣主，莫不尊师贵道。今陛下亲屈万乘，辱临敝里，此乃崇礼先师，增辉圣德。至于光荣，非所敢承。"帝大笑曰："非圣者子孙，焉有斯言乎！"遂拜僖郎中，赐褒成侯损及孔氏男女钱帛。诏僖从还京师，使校书东观。①

章帝与孔僖的问答，显示出皇帝祭祀孔子时的优越感和嬉戏态度，这与儒门后学坚持追求以道统制约治统的理想，形成鲜明反差。

汉代皇帝虽多次幸鲁"祠孔子"，甚至用"太牢"之礼，不过，可以推想，此时并无固定的祭祀礼制可言。西汉末年时梅福曾说："仲尼之庙不出阙里，孔氏子孙不免编户。"②据立于东汉桓帝永兴元年（153）的《永兴元年乙瑛置守庙百石卒史碑》记载，"孔子作《春秋》，制《孝经》，删述五经，演《易》系《辞》，经纬天地，幽赞神明，故特立庙。褒成侯四时来祠，事已即去。庙有礼器，无常人掌领，请置百石卒史一人，典主守庙，春秋飨礼，财出王家钱，给犬酒直"③。可见，当时虽有褒成侯专门奉祀，但因其仕于京师，唯四时来祠，孔子庙尚无固定的守护官吏。

东汉《鲁相韩敕造孔庙礼器碑》记载，汉桓帝永寿二年（156），鲁相韩敕"修造礼乐，胡辇器用。存古旧宇，殷勤宅庙"④。汉灵帝建宁二年（167）所立之《鲁相史晨飨孔子庙碑》（即《史晨后碑》）又记载，史晨于建宁元年四月到官，"乃以令日拜谒孔子，望见阙观，式路虔跽，

---

① [宋] 王钦若等编：《册府元龟》卷49，中华书局2003年版，第551页。
②《汉书》卷67《梅福传》，中华书局1962年版，第2925页。
③房伟辑录：《永兴元年乙瑛置守庙百石卒史碑》，杨朝明主编：《曲阜儒家碑刻文献辑录》第一辑，齐鲁书社2015年版，第27—47页。
④《鲁相韩敕造孔庙礼器碑》，见 [宋] 洪适：《隶释·隶续》，中华书局1985年版，第19页。

既至升堂，屏气拜手。祇肃屑僾，仿佛若在，依依旧宅，神之所安"。《鲁相史晨奏祀孔子庙碑》（即《史晨前碑》）又云："臣以建宁元年到官，行秋飨，饮酒畔宫（即泮宫）毕，复礼孔子宅，拜谒神坐，仰瞻榱桷，俯视几筵，灵所凭依，肃肃犹存。而无公出酒脯之祠，臣即自以俸钱，修上案食醊具，以叙小节，不敢空谒。""虽有褒成世享之封，四时来祭，毕即归国。臣伏见临辟雍日，祠孔子以太牢，长吏备爵，所以尊先师、重教化也"。"而本国旧居，复礼之日，阙而不祀，诚朝廷圣恩，所宜特加"。"出王家谷，春秋行礼，以共禋祀"[1]。

总之，从上文所引鲁相史晨的话来看，东汉末年，孔子祭祀依然远非国之大典。不过，此处所透露出的消息，可以使我们再一次确认，孔子庙自始即在孔子旧宅之中，而非论者所谓此时迁入旧宅。

两汉时期是文庙祭祀的重要形成阶段，特点鲜明。首先，汉代多位皇帝亲临曲阜，或亲祠或使大臣祭祀孔子，其祭祀规格唯刘邦以"太牢"有明文记载。不过，从《史晨碑》我们可见"辟雍祀孔"作为国家典礼已使用"太牢"礼。其次，终有汉一代，文庙祭祀并未成为国之常祀，只是从西汉末年开始有专门的奉祀官，即孔子后人褒成侯。但阙里孔庙的建制仍然不高，规模不大。郦道元《水经注·泗水》记载说是"庙屋三间"，大概即是汉魏时期的孔子庙规模。由上述情况可知，从西汉"独尊儒术"开始，孔子的地位已经开始上升，从性质上区别于其他诸子百家而取得主流学术地位，并影响于政治、学术、信仰、艺术等社会生活的方方面面。但是，这种地位的上升不是一蹴而就的，并一直处于治统与道统的融合与斗争中。而民间的孔子崇拜并不逊于甚至更强于官方的推扬。

---

[1]刘续兵辑录：《建宁二年史晨前后碑》，杨朝明主编：《曲阜儒家碑刻文献辑录》第一辑，齐鲁书社2015年版，第27—46页。

在历史上，孔子思想和儒学也并非完全作为政治统治者的附庸而存在，并非只是顺从权势，为统治者服务的。孔子儒学中"以道抗势"的思想，激励着后世的儒家优秀分子用儒家理想抗拒权势；孔子思想中限制君权的思想，也一定程度上使中国政治避免走上完全专制。尽管儒家没有从根本上改变中国政治的体制与本质，但发挥了其不可或缺的作用。汉代初年，贾谊作《过秦论》，指出秦朝灭亡的根本原因在于"仁义不施"，这对于汉及以后历代王朝的统治政策都有深远的借鉴意义。正如林存光先生所说："不管是制度化的关联，还是所谓的政教相维、政教相通，乃至所谓的政教合一，都决不意味着以孔子为中心的儒教与以王权为中心的国家政权之间的完全重合一体化，甚至可以说，以追求实现孔子之道为目标的儒家和以追求一家一姓一己永远私自把持天下为目标的帝王之间的关系，始终存在着无法消除的某种程度的紧张性。"[1]

（二）释奠礼在魏晋南北朝时期逐渐完备

魏晋南北朝时期，朝廷对于文庙祭祀的支持力度也逐渐加大。首先，最高统治者对释奠礼格外重视，多次亲临释奠。自东汉明帝开始，辟雍成为除阙里孔庙外，又一处主要祭祀孔子之所。至魏晋时，辟雍祭祀孔子越来越多的出现，成为释奠礼的主要形式。《晋书》记载：

> 礼，始立学必先释奠于先圣先师，及行事必用币。汉世虽立学，斯礼无闻。魏齐王正始二年二月，帝讲《论语》通；五年五月，讲《尚书》通；七年十二月，讲《礼记》通。并使太常释奠，以太牢祠孔子于辟雍，以颜回配。武帝泰始七年，皇太子讲《孝经》通；咸宁三年，讲《诗》通；太康三年，讲《礼

---

①林存光：《历史上的孔子形象》，齐鲁书社 2004 年版，第 256 页。

记》通。惠帝元康三年，皇太子讲《论语》通。元帝太兴二年，皇太子讲《论语》通。太子并亲释奠，以太牢祠孔子，以颜回配。成帝咸康元年，帝讲《诗》通。穆帝升平元年三月，帝讲《孝经》通。孝武宁康三年七月，帝讲《孝经》通。并释奠如故事。穆帝、孝武并权以中堂为太学。①

此时，幼年皇帝或太子通一经之后就要在太学或辟雍举行释奠礼，其主要祭祀对象就是孔子，并且以"太牢"行礼。在魏晋时期，释奠尤其是太子释奠已有较大规模，出现了许多咏颂释奠的诗篇。

较太子辟雍释奠更为隆重的是天子的视学礼。为显示国泰民安、文运隆盛的大治局面，彰显帝王对太学的高度重视，最高统治者要在太学举行隆重的视学典礼。南北朝时期，这一情况较为常见。

其次，文庙建制升格并开始走出阙里。孔元措在《孔氏祖庭广记》中记载："宋孝武皇帝孝建元年十月，诏建仲尼庙，制同诸侯之礼。"②这是文庙升格的开始。

东晋孝武帝在京畿建康首立宣尼庙，专供祭祀孔子，这成为孔子庙从曲阜阙里走向外地的开始③。而孔祥林先生的考证，同样以为京师国学孔子庙的创建时间应在东晋孝武帝时期④。此时因曲阜恰恰处于南北政权互相争夺之地，阙里孔子庙常罹兵燹。北魏孝文帝不仅在太和十三年（489）立孔子庙于京师平城，以与南齐武帝同年立孔子庙于京畿建康相对应；并于太和十九年（495）临幸曲阜，亲祠孔子庙⑤，封孔子后裔为"崇圣侯"。此后，孔子庙外地化的现象，随着南北政权的分峙，日趋显著。如，北齐甫建，文宣帝即于天保元年（550）"诏封崇圣侯，

①《晋书》卷19《礼志上》，中华书局1974年版，第599页。
②[金] 孔元措：《孔氏祖庭广记》卷3，商务印书馆1936年版，第21页。
③[唐] 许嵩：《建康实录》卷9，中华书局2009年版，第277页。
④孔祥林：《孔子庙创建时间考》，《孔子研究》2007年第6期，第123页。
⑤《魏书》卷7下《高祖孝文帝纪》，中华书局1974年版，第177页。

邑一百户，以奉孔子之祀，并下鲁郡以时修复文庙，务尽褒崇之至"①。而南朝梁武帝于天监四年（505）立孔子庙于京师建康。此时南北政权竞相褒封孔子及其后裔，重视孔子祭祀，充分显示文庙祭祀制度所发挥的象征力量，定然裨益安邦定国之计。

最后，孔子后裔得到进一步册封，文庙纳入国家管理。如，《晋书》载：

> 魏文帝黄初二年正月，诏以议郎孔羡为宗圣侯，邑百户，奉孔子祀，令鲁郡修旧庙，置百户吏卒以守卫之。及武帝泰始三年十一月，改封宗圣侯孔震为奉圣亭侯。又诏太学及鲁国，四时备三牲以祀孔子。明帝太宁三年，诏给奉圣亭侯孔亭四时祠孔子祭直，如泰始故事。②

魏文帝对孔子后裔进行册封，授予爵位。他还命鲁郡修缮旧庙，并配置官员管理，同时"于其外广为室屋以居学者"③，此乃后世"庙学制"之雏形。魏武帝时，又改封孔震为"奉圣亭侯"，魏明帝依然在沿用此封号。

得益于朝廷的重视，文庙释奠礼仪渐趋完备。在祭祀对象方面，无论是辟雍释奠还是天子视学释奠，孔子都是作为主祭出现，孔子与释奠礼的关系更为密切。在礼制方面，魏武帝下令鲁国阙里孔庙采用"三牲"四时祭祀孔子。北魏显祖皇兴二年（468），也以太牢祀先圣。南齐明帝永泰元年（498），又曾增加释奠祭秩。

需要特别指出的是，释奠乐舞在这一时期得到重视。南齐武帝永明三年（485），议定孔子庙释奠"设轩悬之乐，六佾之舞，牲牢器用，悉依上公"④。永明年间所议定释奠之礼，十分明确，对后世产生了很大

①《北齐书》卷4《文宣帝纪》，中华书局1972年版，第51页。
②《晋书》卷19《礼志上》，中华书局1974年版，第599页。
③《三国志》卷2《魏书二·文帝纪》，中华书局1960年版，第78页。
④《南齐书》卷9《礼志》，中华书局1972年版，第144页。

影响。据记载，其实早在南朝宋文帝元嘉时期，裴松之就建议"应舞六佾"，只是"以郊乐未具，故权奏登歌"①。而马端临则记载，宋孝武帝时"太子释奠，采晋故事"，其注曰："舞六佾，设轩悬之乐，器用悉依上公"②。未知孰是。

魏晋南北朝时期，虽然儒学的独尊地位受到外来佛学和本土道教的冲击，但是对于孔子的尊崇和祭祀，反而不亚于"独尊儒术"的两汉。此中消息，颇堪玩味。经过数百年的演变和发展，释奠礼在魏晋南北朝时期逐渐完备，文庙释奠初具雏形。

不过，我们仍需注意到，由于魏晋南北朝时期，鼎祚迭移，战乱频仍，阙里孔庙自然时修时毁。因此魏文帝诏书中说："仲尼……可谓命世之大圣，亿载之师表者也。遭天下大乱，百祀堕坏，旧居之庙，毁而不修，褒成之后，绝而莫继，阙里不闻讲诵之声，四时不睹烝尝之位，斯岂所谓崇礼报功，盛德百世必祀者哉？"③东晋孝武帝太元十年（385），有朝臣路经曲阜，见"孔庙庭宇倾顿，轨式颓弛"，而感慨"万世宗匠，忽焉沦废"④！永明七年（489），南齐武帝在兴立孔子庙的诏书中说："非但洙泗湮沦，至乃飨尝乏主。"⑤可以想见，此时阙里孔庙之情状。但需要注意的是，因整个时代如此，各种典礼皆不能如常进行，非独文庙祭祀不能保障也。

第三节 文庙释奠礼仪的定型

文庙释奠礼仪经过两汉魏晋南北朝时期漫长的发展、演变，至盛唐时已趋于完备。释奠礼成为祭祀孔子的专称；同时，与其密切相关的配

①《南齐书》卷9《礼志》，中华书局1972年版，第144页。
②[元]马端临：《文献通考》卷43，中华书局1986年版，第405页。
③《三国志》卷2《魏书二·文帝纪》，中华书局1960年版，第77页。
④《宋书》卷14《礼志一》，中华书局1974年版，第366页。
⑤《南齐书》卷3《武帝纪》，第56页。

套制度，诸如州县皆立孔子庙、文庙从祀贤儒的选择、文庙释奠的海外传播等，都在这一时期创制并为此后的朝代所继承。

继魏晋南北朝时文庙首次"走出"阙里后，贞观四年（630），唐太宗下令"州县学皆立孔子庙"[1]，这一举措，极大地推动了文庙在全国的兴建。文庙释奠亦由此遍布各州、县，"促使士子耳濡目染儒者成圣希贤的荣耀，大有潜移默化之功"[2]。

不过，由汉至唐，释奠礼并未明确为祭祀孔子专用。汉明帝永平二年（59），"上始率群臣躬养三老、五更于辟雍，行大射之礼。郡、县、道行乡饮酒于学校，皆祀圣师周公、孔子，牲以犬"[3]。《册府元龟》的记载稍异，作"皆祠先圣先师周公、孔子，牲以太牢，孟冬亦如之"[4]。两处记载的祭祀等级不同，但都是周公、孔子并称，且周公在孔子之前。

唐建立之初，高祖于武德二年（619）下诏："惟兹二圣，道著群生，守祀不修，明褒尚阙。朕君临区宇，兴化崇儒，永言先达，情深绍嗣。宜令有司于国子学立周公、孔子庙各一所，四时致祭"[5]。此"二圣"指周公、孔子，但二者仍无轩轾。五年后的武德七年（624），高祖幸国子学，亲临释奠，以周公为先圣，而以孔子配。孔子从"先圣"降为"先师"，于释奠中退居配享之位。

唐贞观二年（628），房玄龄等人上书言："臣以周公、尼父，俱称圣人，庠序置奠，本缘夫子。故晋、宋、梁、陈及隋大业故事，皆以孔子为先圣，颜回为先师，历代所行，古人通允"[6]。唐太宗乃罢祀周公，仍以孔子为先圣，以颜回配享。

唐高宗永徽年间，释奠礼再一次发生逆转，复以周公为"先圣"，孔子为"先师"。根据黄进兴先生的推测，这次高宗释奠变革，实际上

---

①《新唐书》卷15《礼乐五》，中华书局1975年版，第373页。
②黄进兴：《圣贤与圣徒》，北京大学出版社2005年版，第50页。
③《后汉书》志第四《礼仪上》，中华书局1965年版，第3108页。
④[宋]王钦若等编：《册府元龟》卷49，中华书局2003年版，第549页。
⑤《旧唐书》卷189《儒学列传上》，中华书局1975年版，第4940页。
⑥[宋]王溥：《唐会要》卷35，中华书局1955年版，第635—636页。

是受郑玄之学的影响乃至左右①。具体情形如何，尚有待深考。不过，这次逆转很快遭到朝臣的反对。太尉长孙无忌、礼部尚书许敬宗等上书，力争恢复贞观定制。经过一番努力，最终高宗同意恢复贞观旧制，孔子重新取得了"先圣"的地位，而以周公配享周武王。

此外，在唐代，释奠礼不仅用于祭祀孔子、周公，还用于祭祀武成王姜太公。唐开元十九年（731），令两京、天下诸州各置"太公庙"，以张良配享，祀以太牢之牲、轩悬之乐、八佾之舞，于春秋二仲上戊日释奠于太公。开元二十七年（739），追封孔子为"文宣王"；肃宗上元元年（760），追赠太公为"武成王"，而释奠之礼一同"文宣王"。当是时也，"文、武"并存。而释奠太公以"八佾"之舞，文庙释奠则舞用"六佾"，可见颇有轩轾。至宋代，对武成王的祭祀仍曾存在。不过，释奠太公，古无成例，因时特兴，昌盛一时则可，但终究无法与文庙释奠相提并论。随着科举制度的兴盛，孔子的地位远非太公所可望。如唐肃宗时，曾一度因旱灾罢中小祀，太公庙在其列，而太学释奠孔子却行之如仪，其中轻重却是另一番情形。唐德宗时，兵部侍郎李纾上书，请求将武成王庙祭祀规格予以裁降，甚至有人主张革除王号②。至明代，朱元璋废止"武成王庙"祭祀，释奠礼复归于一，专祀孔子。

虽然，从表面看来，文庙祭祀终有唐一代皆为中祀，甚至在以后的时代里，多数情形也为中祀，不能上列大祀之典。因此有学者指出，孔子、儒学的地位不能过高估计。但是，仔细思考，我们会发现诚如唐代韩愈所谓："自天子至郡邑守长通得祀而遍天下者，惟社稷与孔子为然。"③尽管文庙祭祀制度历经变革，但是自孔子去世之后，上至帝王，下至士子，对其纪念和祭祀，从时间和范围上，是其他诸教无法比拟的。而至

①黄进兴：《圣贤与圣徒》，北京大学出版社2005年版，第40页。
②［唐］王泾：《大唐郊祀录》卷1，转引至黄进兴：《圣贤与圣徒》，北京大学出版社2005年版，第42—43页。
③［唐］韩愈：《处州孔子庙碑》，《全唐文》卷561，中华书局1983年版，第2515页。

于比之于民间所谓香火，文庙自然不如佛道寺院道观之繁盛，但是，其中的原因却非常鲜明，那就是：孔子是文化道统的象征，是政教的象征，是人中至圣，非神灵，不具护佑之功，其功用不同，故不具可比性。此不可不察。

作为文庙释奠礼仪重要组成部分的从祀制度，即祭祀孔子之时，以孔子弟子后学以及历代大儒附祭的制度，也在唐代开始定型。这一制度包括"配享"与"从祀"两个部分。实际上，配享从祀制度，并非文庙祭祀制度所特有，反而是文庙从祀制度借鉴了古代其他祭祀制度而出现的。古代祭典有主、配之分。《孔子家语·郊问》记载："郊之祭也，迎长日之至也。大报天而主日，配以月。"文庙祭祀中的从祀制度，应当是对此类祭祀的借鉴。

文庙从祀制度的雏形，可以上溯到东汉明帝在曲阜祭祀时并及七十二弟子。这应当是弟子从祀孔子的滥觞。清人陈锦《文庙从祀位次考》定为"弟子从祀始此"。而弟子配享孔子之例，至少在东汉末年即已出现。至曹魏齐王芳之时，形成了辟雍祀孔，而以颜回配享的惯例。而传统上多以为颜回配享始于汉高祖，如陈锦《文庙从祀位次考》即主此说。然而，文庙配享与从祀的发展经历了漫长的过程，迟至唐代才得以最终定型。

另外，随着李唐盛世的来临，中外文化交流日益广泛而深入。此时，文庙释奠也传播到了海外。唐贞观二十二年（648），新罗国派使者"春秋请诣国学观释奠及讲论[1]。同年，王义方为儋州吉安丞，"召诸首领，集生徒，亲为讲经，行释奠之礼；清歌吹龠，登降有序，蛮酋大喜"。实现了教化"群蛮"的目的[2]。据记载，日本文武天皇大宝元年（701），释奠于大学寮[3]。这表明，唐代时释奠礼开始向海外邻国传播。这与儒

---

[1]《旧唐书》卷199《东夷列传·新罗传》，中华书局1975年版，第5335页。
[2]《旧唐书》卷187上《忠义列传上》，第4874页。
[3]陈东：《释奠制度与孔子崇拜》，《国际儒学研究》第十五辑，九州出版社2007年版，第269页。

学的向外传播是同步的。

唐末五代，国家处于分裂状态，战争的破坏，使得文庙祭祀也难以维系，时常出现中断。尤其是阙里孔庙，因处于南北争夺交错之地，饱受战争之灾难，以至孔子后裔慨叹："二百年间，绝东封之礼；洙泗之上，无鸾和之音。"[1]不过，由于文庙祭祀所具有的深远的象征意义，因此即便值此乱世，亦不乏深谙此中道理的君主重振文庙祭祀。如后周太祖郭威于广顺二年（952），曾亲临曲阜，祭祀孔子，并修缮庙堂，称颂孔子乃"百代帝王师"，道出了其祭祀的意图[2]。北方的少数民族政权辽，对孔子也格外看重。太祖耶律阿保机于神册元年（916），建孔子庙，尊孔子为大圣，"诏皇太子春秋释奠"[3]。

总之，至唐代，经过一系列的制度建设，孔子成为文庙释奠礼仪的核心，以"配享"与"从祀"为中心的一整套从祀制度也最终得以规范运作。随着有唐一代圣、哲、贤、儒的文庙祭祀体系基本确立，文庙释奠礼仪也最终得以定型。

第四节 文庙释奠礼仪的高峰

两宋时期，由于儒学的再一次复兴，在士大夫的推动下，文庙释奠制度得到进一步发展。这与宋代重文轻武的国策有关，更与新儒学的兴起紧密相连。

宋代政权甫建，即塑先圣孔子、亚圣颜子、十哲像，画七十二贤及先儒二十一人像于东西两廊板壁之上，并恢复了文庙从祀制度。这一时期统治者对孔子的册封进一步升级。大中祥符元年（1008），宋真宗加

---

①孔传：《东家杂记》卷上，《文渊阁四库全书》版，（台湾）商务印书馆1983年版，第15页。
②《旧五代史》卷112《周书三·太祖本纪》，中华书局1976年版，第1482页。
③《辽史》卷72《宗室列传》，中华书局1974年版，第1209页。

谥孔子为"玄圣文宣王",旋因国讳改谥为"至圣文宣王"。并敕孔子冕十二旒,服十二章,执镇圭,如帝王之制。大中祥符二年(1009),追封十哲为公,七十二弟子为侯,先儒为伯或赠官。与之相适应,文庙祭祀礼仪的规格也得到提高。宋徽宗崇宁三年(1104),下诏改文庙"文宣王殿"名为"大成殿",孔子塑像用天子冕,十二旒。南宋高宗绍兴十年(1140),改释奠文宣王为大祀。这是对文庙祭祀规格的一次提升。但五十余年之后,宋宁宗庆元元年(1195),又降文庙祭祀为中祀。

宋代文庙从祀制度的一个最大的变化就是"四配"的定型。所谓文庙祭祀的"四配",是指复圣颜子、宗圣曾子、述圣子思子、亚圣孟子。这"四配"从宋代确立,历经元、明、清,除明初一段小波折之外,未曾动摇。

金、元两代对于孔子祭祀亦是十分重视。作为少数民族政权,他们也意识到,文庙祭祀的象征意义对维护稳定政权的重要价值。因此,金代往往由皇帝亲自主持文庙释奠,《大德十一年阙里宅庙落成记碑》记载:"自汉祖过鲁,祀以太牢,由是以降,其庙制因仍损益,见于图志可考者,在宋金为最盛。"[1]明白道出了金代对文庙祭祀的重视与推崇,至今,曲阜阙里孔庙"十三碑亭"中的金代碑亭,仍为现存建筑中最重要的文物古建之一。而孔子封号在元代达到了极点。大德十一年(1307),元武宗以"先孔子而圣者,非孔子无以明;后孔子而圣者,非孔子无以法"[2],诏封孔子为"大成至圣文宣王",遣使诣阙里,以太牢祀孔子。

明初,对文庙释奠的态度曾有短暂反复。本来,明太祖深深懂得文庙祭祀对于稳固统治、笼络儒生群体为其服务的意义和价值。因此,他于"洪武元年二月,诏以太牢祀孔子于国学,仍遣使诣曲阜致祭"[3]。

---

[1]宋振中辑录:《大德十一年阙里宅庙落成记碑》,杨朝明主编:《曲阜儒家碑刻文献辑录》第二辑,齐鲁书社 2015 年版,第 157—162 页。
[2]宋振中辑录:《大德十一年加封孔子制诏碑》,杨朝明主编:《曲阜儒家碑刻文献辑录》第一辑,齐鲁书社 2015 年版,第 128—133 页。
[3]《明史》卷 50《礼志四》,中华书局 1974 年版,第 1296 页。

同时制定释奠礼：每年仲春、仲秋上丁，由皇帝降香，遣官祀于国学。牲用太牢，舞用六佾。同年十一月，朱元璋即召见衍圣公孔克坚。由于孔克坚原为元朝所封，朱元璋召见孔克坚时，特意对他提出"于我朝代里你家里再出一个好人"，其意图非常明显，就是要争取文庙祭祀的主导权，树立其文化正统的地位。洪武六年（1373），朱元璋又召见新任衍圣公孔希学，同样"不欲于流内铨注以政事烦尔"①，亦希冀以衍圣公为楷模和象征，昭示明朝崇儒重道之心。他认为孔子明纲常，兴礼乐，正彝伦，所以为帝王师，为常人教。传至万世，其道不可废。这恐怕是历代帝王能够尊礼孔子的真正原因。

但是，朱元璋对于孔子释奠却屡生反复。洪武二年（1369），朱元璋下诏，文庙春秋释奠止行于阙里，天下不必通祀。但在次年，又下诏革除诸神封号，唯独保留了孔子的历代封号，表明其对孔子的格外重视和推崇。洪武十五年（1382），又下诏各州县通祀孔子，恢复释奠。这种反复，反映了朱元璋对待孔子乃至士人集团的矛盾心态。同时，据学者研究，洪武二年废止天下通祀孔子，可能与他个人和孔氏家族的嫌隙误会有关②。但也有学者表示了不同看法。赵克生以为，当时处于庙学时代，由于战争的破坏，学校遭到大的破坏，庙亦不存，因此一时难以通祀③。朱元璋的这种个人恩怨和专断态度，更集中反映在他将孟子逐出文庙的事件上。洪武五年（1372），朱元璋读《孟子》，见"君之视臣如土芥，则臣视君如寇仇"，触动了专制帝王敏感的神经，以为此非人臣所宜言，遂罢孟子配享。只是由于儒臣奋力抗争，于第二年又以孟子发明孔子之道，配享如故④。从整体来看，明太祖的文庙释奠制度改革并没有实质性的内容，因而也就没有产生实质性的影响。

---

① 骆承烈：《石头上的儒家文献——曲阜碑文录》，齐鲁书社 2001 年版，第 349—350 页。
② 黄进兴：《优入圣域：权力、信仰、正当性》，中华书局 2010 年版，第 169—173 页。
③ 赵克生：《试论明代孔庙祀典的升降》，《江西社会科学》2004 年第 6 期，第 107 页。
④ 《明史》卷 50《礼志四》，中华书局 1974 年版，第 1296 页。

有明一代，在释奠礼仪方面真正产生影响的是明世宗嘉靖年间的改革。嘉靖九年（1530）十一月，明世宗采纳张璁的建议，对文庙释奠仪制进行了改革，一是撤除孔子的王号，称"至圣先师"；削除从祀弟子爵号；四配称"某圣某子"，十哲以下及门弟子称"先贤某子"，左丘明以下皆称"先儒某子"；二是毁除塑像，改用木主；三是另立启圣祠，主祭孔子之父叔梁纥，而以从祀弟子之父配享从祀；四是简化祭祀礼制；五是重新认定从祀诸儒。此前，明成化年间，祭祀孔子改用八佾舞，升为大祀，至嘉靖时又复为中祀。

值得引起注意的是，嘉靖时期文庙从祀制度的重大变化。贞观年间所定从祀诸儒多为"汉儒"，即"传经之儒"。而此番改革，罢祀和改祀于乡的许多都是所谓"传经之儒"，而增祀的多为"明道之儒"，如王通、胡瑗的增祀，即是因为他们于儒学承先启后的贡献；而蔡元定的入祀，则更显示了其中的程朱色彩。至万历年间，文庙从祀的"明道之儒"已有取代"传经之儒"而成为主导的趋势，这自然与时代风气相关。因此万历间王世贞曾慨叹："先朝之黜汉儒，凛乎斧钺矣。"[1]明崇祯十五年（1642），将宋儒周敦颐、二程、张载、邵雍、朱熹等同时升为"先贤"，一改过去唯孔子弟子称先贤的传统，将此六子位列七十子后，凌驾于汉唐诸儒之上，此番举动更是将理学地位提升的显著表现。不过，"仅国学更置之，阙里庙廷及天下学宫未遑颁行也"[2]。

明嘉靖之文庙改革，为后世沿袭，成为定制。清初，对于文庙释奠基本继承明制。顺治二年（1645），"更国子监孔子神位为大成至圣文宣先师孔子"[3]，恢复了嘉靖去除的"大成""文宣"称号，但再未称"王"。顺治十四年（1658），又"复孔子位号曰至圣先师"[4]，回到了嘉靖九

---

[1] [明] 王世贞：《弇州山人四部稿》卷115《山西第三问》，《四库全书》本。
[2] 《明史》卷50《礼志四》，中华书局1974年版，第1301页。
[3] 《清史稿》卷4《世祖本纪一》，中华书局1976年版，第93页。
[4] 《清史稿》卷5《世祖本纪二》，第149页。

年所定的称号。我们以为，与"王"号相比，其实"至圣先师"的名号更加尊崇，历代所封王爵可谓车载斗量，但"至圣先师"只有孔子一人。

不过，在二百多年的历史中，清代对文庙释奠还是有所损益的。这主要表现为"十哲"改为"十二哲"的定局，即康熙时朱子升哲，乾隆时升有若为哲；雍正时大规模重订从祀诸儒；光绪时，文庙释奠由中祀上升为大祀。

随着康熙朝大倡程朱理学，朱子的地位得以明显提升。康熙五十一年（1712），下诏朱熹宜跻文庙"四配"之次，只是由于理学名臣李光地的劝阻，方将朱熹退居"十哲"之末，位东序先贤卜子后，此时"十哲"演变为"十一哲"①。这一质的飞跃，实际上从明末就有所体现。崇祯十五年时已改称朱熹为先贤，位汉唐诸儒之上。由于有前朝的案例，康熙的此次举动，也就顺理成章了。乾隆三年（1738），"升有子若为十二哲，位次卜子商。移朱子次颛孙子师"②。这样，有若升为十二哲，位于东序卜子后，朱熹改为西序，位颛孙子次。

雍正年间对于文庙从祀制度的改革，主要是重新厘定从祀诸儒的名单。复祀者六人：林放、蘧瑗、秦冉、颜何、郑玄、范宁。增祀者二十人：孔子弟子县亶、牧皮，孟子弟子乐正克、公都子、万章、公孙丑，汉代诸葛亮，宋代尹焞、魏了翁、黄幹、陈淳、何基、王柏、赵复，元代金履祥、许谦、陈澔，明代罗钦顺、蔡清及清代陆陇其③。这次变祀可谓唐代以降，最大规模的一次。

此次变动中，最值得关注的就是所谓"行道之儒"的从祀，其代表就是诸葛亮。这自然与明末清初以来，对于程朱理学尤其是陆王心学的反动有关。比如黄宗羲即竭力主张，使诸葛亮，唐代陆贽，宋代韩琦、

---

① 《清史稿》卷84《礼志三》，中华书局1976年版，第2534页。
② 《清史稿》卷84《礼志三》，第2535页。
③ 《清史稿》卷84《礼志三》，第2534—2535页。

范仲淹、李纲、文天祥以及名儒方孝孺等从祀文庙。其理由是："此七公者，至公血诚，任天下之重，矻然砥柱于疾风狂涛之中，世界以之为轻重有无，此能行孔子之道者也。"①

黄氏所举七人，早于诸葛亮从祀的范仲淹，定于康熙五十四年（1715），已首开以"功能"从祀的先例。而雍正二年的这次增祀，廷议名册中即有陆贽、韩琦，只不过最终只有诸葛亮一人得以从祀。但陆贽、文天祥、李纲、韩琦、方孝孺等分别在道光六年（1826）、道光二十三年（1843）、咸丰元年（1852）、咸丰二年（1852）、同治二年（1863）从祀文庙。这自然与世风、时势大有关联。而作为经世之学的倡导者，清初三大儒王夫之、黄宗羲、顾炎武，最终于光绪三十八年（1908）入祀文庙，成为有清一代最后进入文庙的儒者②。

虽然清王朝是一个少数民族统治的政权，但是其"尊孔""祭孔"的程度，较之以往历代有过之而无不及。文庙祭祀的规格，自唐以来，定为中祀，除了宋政和年间短暂升为大祀外，基本上维持了这一定制。明成化年间祭祀孔子，舞用八佾，升为大祀，嘉靖时又复为中祀。而清代康熙、雍正、乾隆三朝，对于孔子庙、孔府的崇重和恩赐，超越以往，在祭祀仪式上也达到了新的高度。据《清史稿·礼志三》记载："孔子德参两大，道冠百王。自汉至明，典多缺略。我圣祖释奠阙里，三跪九拜。曲柄黄盖，留供庙庭。世宗临雍，止称诣学，案前上香、奠帛、献爵，跪而不立。黄瓦饰庙，五代封王。圣诞致斋，圣讳敬避。高宗释奠，均法圣祖，躬行三献，垂为常仪。"已经将释奠升为大祀，不过并未正式规定而已。于是，到了帝国即将寿终正寝的光绪三十二年（1906），正式定释奠礼为大祀。这是文庙祭祀规格的最后一次提升，但数载以后，

①黄宗羲：《黄宗羲全集》（第一册），浙江古籍出版社 2005 年版，第 193 页。
②见本书附录《阙里孔庙从祀先贤、先儒》。

清帝国的大厦就倾塌了。

第五节 文庙释奠礼仪的衰变

随着清帝国的覆亡，文庙祭祀也接近尾声。但是，其后的几十年间，尚有余音缭绕——北洋政府将最后两位儒者送入文庙从祀，孔教运动，以及国民政府的"祭孔"。

民国建立之后，1912 年教育部下令停止读经、"祭孔"，并将文庙田产充为学校发展经费。但是，袁世凯为了复辟帝制，于 1913 年 6 月 22 日颁布"复学校祀孔"命令；9 月 3 日，经教育部批准，孔教会在国子监举行祀孔典礼。1914 年 1 月 29 日，取代国会的政治会议通过祭天与祀孔议案。9 月 25 日，袁世凯发布《大总统祭圣告令》，除表示自己祭祀孔子之外，还要求"各地方孔庙，由各该长官主祭，用以表示人民，俾知国家以道德为重"。9 月 28 日，他便在大批军警的保护下抵达孔庙举行祀孔典礼。然而，这一举措终于随着其帝制黄粱梦而烟消云散。

1919 年，北洋政府将讲求实用之学的清初大儒颜元及其弟子李塨从祀文庙，成为文庙从祀诸儒中的最后两位[1]。不过，此时已是新文化运动方兴未艾之时，颜、李的从祀文庙，也不过是文庙祭祀史的回光返照而已，其大势已去，自不待言。此后，虽然阙里孔庙每年春秋两季仍行丁祭，但已经辉煌不再。"到 20 世纪 20 年代晚期，祭孔仪式主要在旧式学堂和地方士绅掌控下的乡村庆典中继续存在。1928 年，国民政府认为不宜恢复官方的"祭孔"仪式，仅仅下令全国各学校在孔子的诞辰开展纪念活动。之后，传统中国最重要的宗教仪式之一——"祭孔"，就一去不复返而成为历史"[2]。

---

[1]黄进兴：《圣贤与圣徒》附《孔庙从祀表》，北京大学出版社 2005 年版，第 187-195 页。
[2]杨庆堃著、范丽珠译：《中国社会中的宗教》，上海人民出版社 2007 年版，第 333 页。

杨氏的论断基本正确，只是"祭孔"并未真正消失。1934 年，国民党"中常会"通过蒋介石等人提案，"以八月二十七日为先师孔子诞辰纪念日"，交由国民政府明令公布，且派中央大员前往曲阜致祭，同时从上到下普遍举行纪念活动，成为民国史上第二次、南京政府成立后第一次尊孔高潮。之后，纪念孔子诞辰成为惯例，南京政府每年都要在孔子诞辰举行隆重仪式；直至 1949 年 8 月 27 日，逃亡政府仍在广州举行了"孔子 2500 年诞辰纪念典礼"，演出了在内地十六年纪念孔子诞辰的最后一幕①。

国民政府举行的文庙祭祀，有几点与以往不同。首先，改变了原来四时丁祭的传统，仅以纪念孔子诞辰的方式"祭孔"；其次，在"祭孔"仪式上发生了重大变革，改跪拜礼为鞠躬礼，改三牲为献花圈；再次，祭祀仪式前先奏国歌。政府主导的仪式发生了重大变革，而家祭则依然采取传统礼仪。

至 1935 年，正式废除了"衍圣公"的称号，改为"大成至圣先师奉祀官"。自宋仁宗至和二年（1055）定爵号，沿袭了 880 年的"衍圣公"封号至此终结。实际上，此前的 1934 年祭孔仪式上，由国民政府官员所宣读的祭文中，已经称最后一代衍圣公孔德成为"孔氏奉祀官"了。

总之，文庙祭祀的规格，自唐以来，一向定为中祀。除了宋、明、清代曾短暂地升为大祀外，基本上维持了这一定制。然而，自孔子去世之后，对其纪念与祭祀，上至帝王，下至士子，从时间和空间上，是其他诸教无法比拟的。其中的原因非常简单，那就是孔子是文化道统的象征，也是政统教统的象征。孔子在士人中的影响力，不能不使帝王意识到，祭祀孔子所具有的重大意义。正如司马迁所谓："诸侯卿相至，常先谒而后从政。"②足资为证。

---

①参看孔繁岭：《南京政府纪念孔诞性质再认识》，《孔子文化研究》（第一辑）卷 1，上海文化出版社 2007 年版，第 65 页。
②《史记》卷 47《孔子世家》，中华书局 1959 年版，第 1946 页。

第三章

文庙释奠的仪程

帝制中国，文庙最主要的作用在于祭祀孔子及历代先贤先儒。历经两千多年的发展，文庙释奠逐渐成为一种包含仪注、音乐、歌章、舞蹈等要素的规模庞大而完整的国家祭祀制度，是传统社会中国家祀典的重要组成部分。

明、清两代的文庙释奠仪程最为完备，同时又各具时代特色。对明、清时期的文庙释奠礼仪进行比较研究，不仅能够更系统、细致地挖掘释奠礼仪的深层次内涵，而且有助于我们制定出适合时代要求、具有鲜明时代特征的当代文庙释奠礼仪。

第一节 文庙释奠礼仪的构成

礼仪制度是历史文化的遗留，其仪文节度的繁复，表达了制度设计者对某种信仰的尊崇和对某种价值观的鼓励。释奠仪程是文庙祭祀的核心内容，其不断的发展与完备，正昭示了传统社会对儒家思想的推崇与认同。

一、主祭对象

孔子是文庙祀典的主要祭祀对象，祭祀过程中的礼制大多都是围绕孔子而设立的，其内容包括历代帝王对孔子的封谥、文庙的像设、服饰等诸多方面。

（一）历代帝王对孔子的封谥

历代帝王在祭祀孔子的同时，也不断对孔子追谥加封。概括说来，这种封谥有两种倾向。一是侧重于提升孔子的政治地位，主要表现为各种王号，如"文宣王""至圣文宣王"等。另外一种封号则是侧重于表彰孔子及其思想的教化作用，大多称其为"至圣先师""大成至圣文宣先师"等。从时间上看，这两种倾向有一个明显的分界点，即明朝嘉靖九年的祀典改革。此次改革之前，孔子的封号大多为王，而且等级日益高涨。改革后则主要以"先师"称之。对此，我们不能简单地认为嘉靖改革导致了孔子地位的下降。实际上，到了专制统治后期，孔子的地位反而越发的尊贵，独一无二的"至圣先师"其实比一个"王"号更有意义得多。所以，应当从传统社会发展的过程以及当时的政治、文化背景上来看待孔子封号的这种变化。

（二）文庙的像设

荷兰史学家惠灵格在其著作《中古的垂暮》一书中提到：

就老百姓的日常认识，目睹可见的形象使得信仰的理性证明完全是多余的。人们的信仰与借色彩与形式所描绘的三位一体（Trinity）、地狱之火、圣徒概览之间，毫无缝隙可言。所有的这些皆经由形象传递至信仰，而且深植人心；有时并超越了教堂的要求。①

可见，对于圣像所发挥的潜移默化的作用，信徒有最直接的感受。考察文庙的发展历史，此类事例甚多。据《隋书·循吏列传》记载，滏阳有一个叫焦通的人，好酗酒，对父母无礼，遂被堂弟告发。时任相州刺史的梁彦光"弗之罪，将至州学，令观于孔子庙"。于时庙中有"韩伯瑜哭杖"的画像，焦通看后"遂感悟，既悲且愧，若无自容"。

文庙中孔子的像设，有平面和立体之分。平面像设主要是指孔子的

---

① Johan Huizinga, *The Autumn of the Middle Ages* translated by Rodney J .Payton and Ulrich Mammitzsch (Chicago: The University of Chicago Press, 1996), pp.189—190. 转引自黄进兴：《圣贤与圣徒》，北京大学出版社 2005 年版，第 173-174 页。

画像或壁画。《汉书·艺文志》中收录有《孔子徒人图法》二卷，可见当时在画法上已经存在可以参考的定式。立于东汉永寿三年（157）的《鲁相韩敕造孔庙礼器碑》中亦有"修饬旧宅""改画圣象"的记载[1]。东汉兴和元年（178），灵帝设置鸿都门学，"画孔子及七十二弟子像"[2]。可见，汉代之时，文庙像设基本以绘画为主。立体像设主要是指塑像。文庙之中使用塑像始见于魏晋六朝，最终形成于唐宋。究其原因，佛教的传入和流行值得重视。邱濬认为："塑像之设，自古无之，至佛教入中国始有也。三代以前祀神皆以主，无有所谓像设也。"[3]佛教古时又被称为"像教"，可见其对像设的重视程度。汉魏以降，佛教传入并渐趋流行。士人深受影响，乃起而效尤，于是文庙中孔子的像设逐渐由图画于庙壁之上改为设立塑像。

至明朝，文庙出现了"像设"与"木主"之争。明洪武四年（1371），国子司业宋濂上疏曰："古者，木主以栖神，天子、诸侯庙皆有主。大夫束帛，士结茅为菆，无像设之事。今因开元八年之制，抟土而肖像焉，失神而明之之义矣。"太祖朱元璋对此不以为然，"上不喜，谪濂安远知县"[4]。但有趣的是，洪武十五年（1382）落成的南京国子监却采用了宋濂的建议，用木主而不用塑像。明世宗嘉靖年间，文庙礼制发生重大变化，除曲阜阙里孔庙外，其他各地文庙一律撤除塑像改为木主。清代则继承了这一制度，文庙祭祀大都设木主。现存文庙中所存孔子塑像，大多是因为嘉靖文庙祀典改革时已有塑像，并未拆毁。

唐代中期以前，孔子像的位置一直是坐西面东。东汉元和二年（85），章帝亲至阙里祭祀孔子，史书记载曰："帝升庙西面，群臣中庭北面，皆再拜。"[5]这表明孔子像是面东而坐的。西晋时，皇太子在国学释奠孔子，

---

[1]《鲁相韩敕造孔庙礼器碑》，见［宋］洪适：《隶释·隶续》，中华书局1985年版，第19页。
[2]《后汉书》卷60下《蔡邕传》，中华书局1965年版，第1998页。
[3]［明］邱濬：《大学衍义补》（中），京华出版社1999年版，第561页。
[4]［明］宋濂：《孔子庙堂议》，［清］薛熙：《明文在》（二），（台湾）京华书局1967年版，第533页。
[5]《后汉书》卷98《祭祀志中》引《汉晋春秋》，第3184页。

"夫子位于西序，颜回侍于北墉"[1]。至北魏，曲阜阙里孔庙内仍然是"夫子在西间，东向"[2]。唐朝初年，以周公为先圣，孔子为先师。此时，周公位于北墙，面南，而孔子位于西序，面东。周公改为配享武王后，学校主祀孔子，但孔子的坐向依然未改变。这种以坐西面东为尊的形式在开元二十年（732）成书的《大唐开元礼》中得到进一步明确，其规定曰："设先圣神坐于西楹间，东向；设先师神坐于先圣神坐东北，南向。"开元二十七年（739），玄宗加封孔子为文宣王。文庙中孔子的坐向才发生变化，改为居中面南。"至如辨方正位，著自礼经，苟非得所，何以示则？昔缘周公南面，夫子西坐，今位既有殊，坐岂如旧？宜补其坠典，永作成式，至今以后，两京国子监，夫子皆南面而坐，十哲等东西列侍，天下诸州亦准此"[3]。需要说明的是，受风水学说的影响，一些地方文庙的朝向有所不同，因而孔子的坐向也会因地而异，出现了坐西向东、坐南向北等多种形式。

（三）孔子像的服饰

服饰是古代祭祀礼制的重要内容，不仅任职官员按照等级使用不同的服饰，国家礼制庙宇中祭祀的人物也要按照爵位、品级使用相应的服饰。由于缺乏相关的记载，唐代以前孔子的像设身着何种服饰已很难考证。唐初，孔子用司寇冠冕。开元二十七年（739），孔子被封为"文宣王"，文庙中孔子像即改着王者冕服。五代时使用"上公之服"。宋朝沿用此制，大中祥符二年（1009），朝廷下令加孔子像以"冕九旒，服九章"，"从上公之制"。[4]崇宁三年（1104），依照国子司业蒋静的建议，朝廷将孔子像的服饰改为冕十二旒，服十二章，执镇圭，用天子礼服。此后历代皆沿用，成为定制。另外，元代时曾将孔子像服饰改为左衽；明正统

①《晋书》卷55《潘尼传》，中华书局1974年版，第1510页。
②［北魏］郦道元著，谭属春、陈爱平点校：《水经注》，岳麓书社1995年版，第377页。
③《旧唐书》卷24《礼志四》，中华书局1975年版，第920页。
④［元］马端临：《文献通考》卷44，中华书局1986年版，第413页。

十三年（1448），又下诏一律改为右祔。

二、祭祀时间

祭祀孔子的形式有两种，分别是国祭和家祭。从祭祀时间上看，两者有所不同。但孔子诞辰日时，家祭和国祭一般会同时进行。

就国祭而言，按照祭礼举行时间的不同，可分为常设性祭祀和非定期祭祀。文庙中的常设性祭祀，主要包括"释奠""释菜"和"行香"三种形式。需要说明的是，此处所谓"释奠"取其狭义上的涵义，特指祭祀活动中的一种礼仪程序。文庙中的非定期祭祀，则包括幸鲁、临雍释奠、遣官致祭、告祭、献功等。

（一）文庙中的常设性祭祀

1. 释奠

"释奠"又称"丁祭"，是指每季仲月上丁日所举行的祭祀[1]。在中国古代，人们把一年分为春、夏、秋、冬四季，每季又包含有三个月，分别称为孟月、仲月、季月。按照干支纪日，每月不会超过三十日，所以甲、乙、丙、丁等天干一般会出现三次，其中第一个丁日被称为"上丁"，祭祀孔子就选在这一天。具体说来，每年夏历二月、五月、八月、十一月四个月的第一个丁日都要举行释奠仪式，称为"四大丁祭"。但从唐代开始，释奠仪式逐渐改为春、秋二季的仲月上丁日举行，此后历代相袭，沿用此制。另外，上丁释奠并非一成不变，个别时候则改为中丁。如元代礼制规定："日用春秋二仲月上丁，有故改用中丁。"[2]延祐六年（1319），因二月丁亥出现日食，因而"改释奠于中丁"。同样是由于日食的原因，明洪武七年（1368）的释奠，也改在了中丁。

释奠之礼是文庙中最高级别的祭祀，历代非常重视。唐开元年间，

---

[1]孔颖达曰："其习舞吹必用丁者，取其丁壮成就之义，欲使学者艺业成故也。"以丁取义于壮年可服劳役的男子，希望读书人在德艺两个方面都有成就。参见[清]阮元校刻：《十三经注疏》，中华书局2009年版。
[2]《元史》卷76《祭祀志五》，中华书局1976年版，第1894页。

由刺史、县令等地方官员主持祭祀,朝廷颁给明衣。宋朝明令武臣也要参加释奠仪式,并且制定了祭服制度,祭祀时一律身着法服行礼。元代礼制规定,春秋释奠时执事官员依品序公服配位。清代更是要求同城大小官员在文庙祀典时,按照文职官员的服饰制度一起到文庙行礼。

2. 释菜

释菜,又称释采、舍采,是一种以蘋、蘩等物为祭品而进行的祭祀礼仪①。凡祭礼,皆有释菜。《士昏礼》曰:"若舅姑既没,则妇入三月,乃奠菜。"《士丧礼》曰:"君释菜入门。"《丧大记》曰:"大夫、士既殡,而君往焉……释菜于门内。"《周礼·春官·占梦》记载:"乃舍萌于四方,以赠恶梦。"郑玄注谓:"犹释菜,萌菜始生。"

学校祭祀也使用释菜礼,所谓"释菜也,而亦莫不于学"②。"始立学者,既兴器用币,然后释菜"③。"仲春,上丁,命乐正习舞释菜"④。"大学始教,皮弁祭菜,示敬道也"⑤。"春,入学,舍菜合舞"。郑玄注曰:"始入学必释菜,礼先师也。"⑥

释菜之礼可分为三类,北宋学者吕大临曰:"(释菜)其用有三,每岁春合舞则行之,《月令》云仲春命乐正合舞舍菜也;始立学则行之,《文王世子》云既受器用币然后舍菜是也;始入学则行之,《学记》云大学始教皮弁祭菜,示敬道也。"⑦熊禾持同样的观点,他认为"春入学释菜合舞,一也;此衅器释菜,二也;《学记》皮弁释菜,三也"⑧。学校祭祀为什么要用"菜"呢?这或许是由于古代"士见于君以雉为挚,见于师以菜为挚"的缘故。

① "入学者必释菜以礼先师,谓蘋藻之属也"。郑玄曰:"菜,蘋蘩之属。"蘋、蘩是两种可供食用的水草。常用于祭祀。这两种植物在《诗经》中已出现。参见 [清] 阮元校刻:《十三经注疏》,中华书局 2009 年版。
② [宋] 叶寅著,孔凡礼点校:《爱日斋丛抄》卷1,中华书局 2010 年版,第1页。
③《礼记·文王世子》。
④《礼记·月令》。
⑤《礼记·学记》。
⑥《周礼·春官·大胥》。
⑦ [明] 邱濬:《大学衍义补》(中),京华出版社 1999 年版,第 557 页。
⑧ [明] 邱濬:《大学衍义补》(中),第 558—559 页。

释菜、释奠同为学校祭祀的常行之礼，但两者之间还是有差别的。较之"释奠"，郑玄认为"释菜"礼制要轻，他在《礼记·文王世子》的注中讲到："释菜礼轻也。释奠则舞，舞则不授器。"宋代学者欧阳修对此有精辟的论述，其《记襄州谷城县夫子庙》中有云："释奠释菜，祭之略者也。古者士之见师，以菜为贽。故始入学者，必释菜以礼其先师。其学官四时之祭，乃皆释奠。释奠有乐无尸，而释菜无乐，则其又略也。""祭之礼，以迎尸酌鬯为盛，释奠荐馔，直奠而已，故曰祭之略者"。吕大临同样认为："释菜之礼，礼之至简者也，皆不在多品，贵其诚也。"[①]可见，两者相比，释奠礼重而释菜礼轻。古代凡新入学就读者均需行释菜礼，不用牲牢币帛，是一种从简的祭礼。

释菜礼作为一种典礼程序，于何时被纳入文庙祀典已很难进行考证。早在南齐永明三年（485），时任尚书令的王俭就说："中朝以来，释菜礼废，今之所行，释奠而已"[②]。可见当时就已经不知道释菜的礼仪。直到宋元时期，才出现了由官方制定的释菜礼。明代规定，每月朔望祭酒以下行释菜礼。清代顺治年间，又改为月朔及进士释褐时进行释菜。

清代对释菜礼有明确的规定，释菜时仅具菜、枣、栗三种祭品，各置豆内，祭祀时上香献爵，每月朔日举行。国子监文庙由祭酒主献，国子监丞、博士、助教、学正、学录分献。府、州、县学文庙，以教授、教谕、训导等学官行礼。曲阜阙里孔庙在大成殿、启圣祠、崇圣祠、两庑、寝殿同时行礼，由衍圣公主献，公府属官、四氏学师生及孔氏族人随班。新进士释褐时，由一甲头名主献，第二名、第三名分献十二哲，二甲头名和三甲头名分献东西两庑。

3. 行香

---

① [明] 邱濬：《大学衍义补》（中），京华出版社 1999 年版，第 557 页。
②《南齐书》卷9《礼志上》，中华书局 1972 年版，第 144 页。

行香，是指通过上香、行礼来祭祀的形式。清代以前设供品，至清代取消供品。对行香时间的规定，各朝代有所不同。明洪武七年（1374）令郡县长官每月朔望诣学行香，即每月初一和十五两次上香。清顺治时又改为每月一次上香，文庙月朔释菜，月望行香。行香之礼由不同的官员施行，国子监行香由司业正献，助教、学正分献两序和两庑，另一助教在崇圣祠上香；地方学校中的文庙则由教授、教谕、训导等学官上香。此外，曲阜阙里孔庙由衍圣公率族人在大成殿、崇圣祠、启圣祠上香行礼。

（二）文庙中的非定期祭祀

1. 幸鲁

幸鲁本意是指皇帝到山东巡视，后特指当朝皇帝到曲阜阙里孔庙祭祀孔子。首开帝王祭祀孔子先河的是汉高祖刘邦，此后两千多年的时间里，共有十二位皇帝（含刘邦）先后十九次亲临曲阜祭祀孔子。

2. 临雍释奠

临雍释奠是皇帝亲临文庙以祭祀孔子的仪式。临雍释奠的历史，可以追溯到曹魏时期。正始二年（241）二月，齐王曹芳讲通《论语》，命太常以太牢祀孔子于辟雍。唐代以前，临雍释奠并不常见。一般情况下，皇帝会派遣皇太子或官员代为祭祀。宋代以后，皇帝亲临太学释奠明显增加。特别是清代，顺治、康熙、雍正三朝的皇帝均亲诣国子监释奠，并至彝伦堂讲经，称之为"视学之礼"。

3. 遣官致祭

皇帝亲临文庙祭祀实际上非常少，大多数情况下还是皇帝遣官致祭。一般是派遣官员到京师国子监致祭，有时也会遣官到曲阜阙里孔庙祭祀孔子，上述临雍释奠就可以视为遣官致祭的一种形式。而遣官曲阜阙里孔庙致祭始于北魏皇兴二年（467），皇帝派遣中书令高允到曲阜以太牢祭祀孔子。唐、宋、金三朝很少遣官致祭。元末惠宗遣官致祭最为频繁，每隔几年即进行一次。明、清两代遣官致祭也很少，明弘治十二年（1499）、清雍正二年（1724），为孔庙遭受火灾事曾派官慰祭。

4. 告祭

告祭，是国家发生重大事件时皇帝遣官到文庙告知的祭祀。曲阜阙里孔庙称为"祭告"。告祭始于唐代，乾封元年（666）因追赠孔子为太师、维修曲阜阙里孔庙及免孔子嫡孙赋役之事，朝廷特派遣司稼卿扶馀隆告祭。元代告祭频繁，皇帝登基、册封孔子、更定文庙祀典、维修文庙等都要遣官告祭。明、清因之，而尤以清代告祭更为繁杂。清代在文庙行告祭礼的情况有平定叛乱、祈求丰年、皇帝登基及逢十大庆、皇帝或皇太后逢十大寿、皇帝南巡、皇帝及太后升配礼成、追封孔子五代先人为王等，甚至立国储、立正宫、文庙大成殿上梁时出现祥云，都会派官告祭。其中以乾隆朝为最多，共有 16 次。

5. 献功

献功文庙为清代首创，其源头可以追溯到上古时期"师还释奠于学"的传统。有清一代，共有 7 次文庙献功，分别是康熙三十五年（1696）平定噶尔丹，康熙四十三年（1704）平定朔漠，雍正二年（1724）平定青海，乾隆十四年（1749）平定金川，乾隆二十年（1755）平定准噶尔，乾隆二十四年（1759）平定大小金川，道光八年（1828）平定回疆[①]。其中，康熙、乾隆两朝都是遣官代祭，唯有道光皇帝是亲自祭祀。

曲阜阙里孔庙在国家文庙系统中地位十分特殊，其祭祀具有国祭和家祭的双重性质，有别于其他文庙的祭祀形式有袷祭、时享、荐新等。

袷祭本意指古代天子诸侯所举行的集合远近祖先神主于太祖庙的大合祭，古礼规定"大祖三年一袷"。曲阜阙里孔庙也采用这种祭祀方式，每年腊月初一日在家庙合享，由衍圣公率族人行礼。

时享是指太庙四时的祭祀，古代帝王臣民都可行时享之礼。曲阜阙

---

①参见孔祥林：《世界孔子庙研究》（上），中央编译出版社 2011 年版，第 323 页。

里孔庙在每年的四孟月上戊日行时享礼，由衍圣公率族人在家庙行礼。

荐新是一种以时鲜食品（包括新熟五谷、其他时新食物等）祭献的礼仪。曲阜阙里孔庙于每年农历的二月花朝日、三月寒食日、五月端阳日、六月初伏日、八月中秋日、九月重阳日、十一月长至日、十二月腊八日举行，由衍圣公率领族人荐新于寝庙。

三、释奠礼器

文庙祭祀等级严格，按照层级的高低，受祭者享有不同的祭祀器物。文庙祭祀中所用的祭祀器物，主要包括祭品和礼器两个部分。

唐代以前，文庙祭祀孔子多用太牢。按：古代祭祀，牛、羊、豕三牲具备谓之太牢。有时也会用到犬、鸡、米等物，国家对此并无明文规定。同时所用礼器，史书中亦无记载。可见，相关制度还不完善。至唐朝中期，随着《大唐开元礼》的颁布，国家对文庙祀典所用祭祀器物有了明确规定，祭品的选择、礼器的摆放逐渐制度化。《开元礼》规定："春秋释奠于孔宣父，九十五坐，先圣、先师各笾十、豆十、簠二、簋二、甒三、铏三、俎三。若从祀，笾二、豆二、簠一、簋一、俎一。"州县祭祀先师时礼器减少，一般为"每坐各笾八、豆八、簠二、簋二、俎三"。礼器中所盛的祭品也有规定，十笾分别盛石盐、槁鱼、枣、栗、榛、菱、芡、鹿脯、白饼、黑饼等物，十豆则包括韭菹、醓醢、菁菹、鹿醢、芹菹、兔醢、笋菹、魚醢、脾析菹、豚胉。州县祭祀所用八笾减少白饼、黑饼，八豆减少脾析菹及豚胉。后代虽有损益，但礼器数量和祭品名称变化不大，只是文庙祀典升格为大祀时，笾、豆的数量增加到十二个。此外，金代将三俎改为两俎，明清改三甒、三铏为一甒、二铏。

从祀人物享有的祭祀器物也各不相同。就配享一级来说，笾、豆数量初期与孔子相同，但俎、甒的数量有变化。明、清时祭祀孔子用太牢，四配则用少牢。两序先哲在唐、宋两代均为笾、豆各二，簠、簋、俎各一；

明、清则采用笾、豆各二，簠、簋、俎、铏各一，东序、西序各设一组，俎中放置为左羊右豕。先贤先儒祭祀器物变化不太频繁，唐、宋、元三代均为笾、豆各二，簠、簋、俎、铏各一；金代增加了爵器，成为笾、豆、爵各一；明嘉靖年间厘定祀典后，先贤先儒改用每四位一坛，每坛笾四、豆四、簋一、簠一、四盘猪肉；清代改为每两人一坛。

四、释奠仪程

法国学者杜尔凯姆认为："宗教的核心不是教义，而是仪式；而宗教仪式的功能就是强化一种价值观念的行为方式。"[1]正是通过文庙祭祀仪程的制定，历代皇权对孔子儒学的认同和推崇得到体现。

文庙释奠仪程的核心是"三献礼"。所谓"三献"，是指祭祀时献酒三次，包括初献爵、亚献爵、终献爵。最迟到北齐时，祭祀孔子已经开始采用这种形式。"后齐将讲于天子，先定经于孔父庙……讲毕，以一太牢释奠孔父，配以颜回，列轩悬乐，六佾舞。行三献礼毕，皇帝服通天冠、绛纱袍，升阼，即坐"[2]。唐代制定了以三献礼为核心的祭祀仪式，同时用于"皇太子释奠孔宣父"和"国子释奠孔宣父"[3]。此后，历代都曾制定了专门用于文庙祀典的仪式。唐、宋、元、明、清各朝的仪程大致如下：

唐朝：迎神，奠币，迎俎，初献、初献饮福受胙，亚献、亚献饮福受胙，终献、终献饮福受胙，望瘗，讲学。

北宋：迎神，升降，奠币，酌献，兖国公酌献、邹国公酌献、配位酌献，饮福，送神。

元朝：点视陈设，就位，辟户，迎神，奠币、三上香，进俎，初献、三上香，亚献，终献（略后依次分献十哲、分奠两庑），彻笾豆，望瘗。

---

①夏建中：《文化人类学理论学派——文化研究的历史》，中国人民大学出版社1997年版，第102—103页。
②《隋书》卷9《礼志四》，中华书局1973年版，第180页。
③根据《大唐开元礼》的记载，除献官和祝文略有不同外，皇太子释奠和国子释奠的仪式完全相同。

明朝：迎神，奠币，进俎，初献，亚献，终献（同时十哲、两庑分献），饮福受胙，彻豆，送神，望瘗。

清朝：迎神、三上香，初献，亚献，终献，赐福胙，饮福酒，彻馔，送神，望瘗。

可见，文庙祀典的祭祀礼仪在唐朝时就已基本定型，后世虽然有所改变，但基本内容变化不大。历代的仪程都是在三献礼的基础上增加了其他的仪程而成。如北宋时增加了送神、分献；南宋将饮福受胙统一放在终献后进行，减少了迎俎；元代增加了奠币和初献后的三上香；清代最大的变化则是十二哲、两庑分献在迎神略后，三献略后也上香和献爵。

五、释奠乐舞

以音乐、歌舞配合行礼是中国古代祭祀的特色，文庙祀典也不例外。在一些重要的祭祀时刻，如丁祭、幸鲁、临雍释奠等，都会伴有乐舞。作为体现祭祀内容的一种重要形式，文庙释奠乐舞可以说是对孔子"祀典崇重"的具体体现。所以，各朝代都十分重视，其内容和形式，包括乐器、曲调、歌词、舞谱、乐章名称、乐悬、舞列的选择和使用等，均由国家统一编制，个人不得擅自更改。

（一）释奠乐章

鲁迅先生曾说："新的艺术，没有一种是无根无蒂，突然发生的，总承受着先前的遗产。"[1]文庙祭祀乐舞与其他艺术形式一样，具有非常明显的历史继承性。探究其源头，我国远古时期的乐舞传统，特别是"六代之乐"，对其影响值得重视。"六代之乐"是对我国著名大型成套古典乐舞的统称，包括黄帝时期的《云门大卷》、唐尧时期的《咸池》（又名《大咸》）、虞舜时期的《大韶》、夏禹时期的《大夏》、商汤

---

[1]《鲁迅全集》第十二册：《书信·致魏猛克》，人民文学出版社1981年版，第381页。

时期的《大濩》及西周时期的《大武》。杨荫浏先生认为，这些乐舞"是当时带有史诗性质的古典乐舞，其内容是颂扬各时期的最高统治者"①。古代礼制对"六代之乐"的使用有明确规定，"乃奏黄钟，歌大吕，舞《云门》，以祀天神。乃奏大蔟，歌应钟，舞《咸池》，以祭地示。乃奏姑洗，歌南吕，舞《大韶》，以祀四望。乃奏蕤宾，歌函钟，舞《大夏》，以祭山川。乃奏夷则，歌小吕，舞《大濩》，以享先妣。乃奏无射，歌夹钟，舞《大武》，以享先祖"②。但历经改朝换代的风云变幻，自秦始皇统一时，六代之乐已幸存无几，唯《韶》《武》尚存。

鲁襄公二十九年（前544），吴国公子季札访问鲁国。期间，鲁国乐工为他表演了周代的各类乐舞。当欣赏到《大韶》《大武》时，季札分别由衷地赞叹道："德至矣哉！大矣，如天之无不帱也，如地之无不载也！虽甚盛德，其蔑以加于此矣。观止矣！若有他乐，吾不敢请已！""美哉！周之盛也，其若此乎"③！孔子本人对《大韶》也极为推崇，认为"尽美矣，又尽善矣"④，又"孔子年三十五……与齐太师语乐，闻《韶》音，学之，三月不知肉味，齐人称之"⑤。可见，《大韶》是内容和形式完美的统一，《大武》则是在继承与发展前代乐舞的基础上形成的周代乐舞，一文一武，文武兼备。因此，秦汉以来，每当改朝换代，新立皇帝在制礼作乐时，多以《大韶》《大武》为蓝本。《大韶》和《大武》二乐，也就成为后世制作释奠乐舞所遵循的蓝本。

经过长时间的发展，隋朝终于出现了文庙祀典的专用乐歌，称为《诚夏》，取"至诚感神"之意⑥，在古代郊祀乐《五夏》及周代"文武"二舞的基础上演变而来。

此后，历代王朝都会为文庙祀典制定专门的音乐。唐太宗时，朝廷

---

①杨荫浏：《中国古代音乐史稿》（上册），人民音乐出版社1981年版，第10页。
②《周礼·春官宗伯下·大司乐》
③《左传·襄公二十九年》。
④《论语·八佾》。
⑤《史记》卷47《孔子世家》，中华书局1959年版，第1910—1911页。
⑥"至诚感神。"孔《传》："诚，和。"孔颖达《疏》："帝至和之德尚能感于冥神。"参见 [清] 阮元校刻：《十三经注疏》，中华书局2009年版。

制定了一套庞大的宫廷雅乐，因每章都以"和"字命名，因而又被称为"十二和"。祭祀乐章属于"十二和"的一部分，乐名为《宣和之乐》。唐开元年间，在"十二和"的基础上增加了三个乐章，变为"十五和"。五代后汉时，废除了唐开元年间增加的三个乐章，恢复了十二乐章的形式，并改称为《十二成》之乐，祭祀乐章亦更名为《师雅之乐》。后周时又将"十二成"改为"十二顺"，祭祀乐章则名曰《礼顺之乐》。

北宋建立初期，国家更定礼乐，将宫廷雅乐改为《十二安》之乐，使用于当时重要的祭祀场合，其祭祀乐章的名称为《永安之乐》。宋代礼乐懋建，各室有作，因此祭祀乐章颇为丰富，主要包括宋仁宗景祐年间的《凝安之乐》和宋徽宗大观年间的《凝安九成之乐》。

金代时，世宗大定年间开始议定本朝雅乐，称为《太和之乐》，每个乐章皆以"宁"字命名。

元代雅乐可分为五类[①]，"宣圣乐章"是其中之一。取"萧韶九成"之意，定名为《大成乐》，每个乐章的曲名为"安"。此外，《元史》中还载有另外一个祭祀乐章，以"明"为曲名，但并没有使用。

明初制定的祭祀乐章恢复了"和"的命名，共有六个乐章。这套乐章实际上是采取了宋代乐章之辞，另谱新曲而成[②]。

清代二百六十多年的时间里共颁布了三个祭祀乐章，分别是顺治年间的乐章、康熙年间的《中和韶乐》及乾隆年间颁布给各省文庙的乐章。前两个乐章一直用于太学，在内容、结构及表演形式上没有太大区别，只是在康熙时确定了《中和韶乐》的名称。清朝在乾隆八年（1743）开始给各地方文庙颁定雅乐，其结构、曲名与康熙时相同，但乐章的歌诗却是新创，与前朝完全不同。这一乐章一直用至清末，甚至在民国初年，

① 包括：郊祀、宗庙、社稷、先农、宣圣等五类。参见《元史》卷 69《礼乐志三》，中华书局 1976 年版，第 1709—1744 页。
② 江帆、艾春华：《中国历代孔庙雅乐》，中国国际广播出版社 2001 年版，第 41 页。

依然有地方在使用。

综上所述，历代文庙释奠的祭祀乐章名称虽不同，历代均取嘉名，以昭一代之制，唐朝用"和"、宋朝用"安"、金朝用"宁"、元朝用"安"、明朝用"和"、清朝用"平"，但曲调旋律却变化不大，歌诗内容也以赞颂孔子功德为主，基本保持了六代之乐中《韶》《武》二乐的基调。

（二）释奠舞蹈

文庙释奠中，与音乐、歌声相伴的是祭祀舞蹈。舞蹈是一种以肢体动作为主要表现手段的艺术形式。因此，舞蹈艺术表现生活、塑造形象和表达思想感情，全在于舞蹈语言的艺术魅力。这种舞蹈的"语言"，古人称之为"舞蹈姿容"，即我们平时所讲的"舞姿"。祭祀舞蹈以中、和、祗、雍、孝、友等六德为基本的舞蹈语言，通过授、受、辞、让、谦、揖、拜、跪、顿首的舞姿，并配合举、衡、落、拱、呈、开、合、并的舞具动势，按词义而生容，依音乐而动容，将歌诗的内容表达出来。舞姿刚劲舒展，典雅高贵，体现出儒家礼乐治道的伦理政治观念。

祭祀舞蹈不仅具有丰富的文化内涵，而且还是古代礼仪规格的重要标志。祭祀孔子的舞蹈，沿用了古代佾舞的形式。佾舞本是一种古代宫廷乐舞，在祭祀天子、公侯、大夫的仪式上演出。按周礼规定，天子用八佾，诸侯用六佾，卿大夫用四佾，士用二佾。"佾"即乐舞的行列。八佾舞就是指八行八列，共六十四人；六佾舞是一佾六人，分六行六列，共三十六人。四佾、二佾则依此类推。可见，佾舞这一形式有很强的等级性，佾舞生的数量实际上代表了受祭者的等级。历史上，孔子祭祀佾舞一般采用六佾的形式。

国学释奠用舞始于东汉，《后汉书·儒林列传》中记载"建武五年，乃修起太学，稽式古典，笾豆干戚之容，备之于列，服方领习矩步者，委它乎其中"。但舞蹈的形式和等级并没有明确记载。南朝宋元嘉年间，"元嘉立学，裴松之议，应舞六佾，以郊乐未具，故权奏登歌"[1]。到南朝齐永明三年（485），朝廷决定国学宣尼庙祭祀采用"轩县之乐""六佾之舞"。应当说，南北朝时期是文庙祀典采用六佾舞的开端，也是历史上孔子庙堂使用歌、舞、乐三位一体的综合艺术形式之始。

文庙祀典的发展过程中，曾有三个时期采用八佾舞。最早是在明成化十三年（1477），当时祭祀孔子的仪式升格为大祀，国学祭祀采用了八佾舞，但郡县仍为六佾舞。第二次是在清光绪时期，同样是由于祭祀孔子的规格提升，舞蹈形式也随之升格。第三次是在民国年间，1914年，民国政府规定释奠孔子仍为大祀，"礼节、服制、祭品当与祭天一律"。第一次采用八佾舞大约持续了五十多年，嘉靖改制后即恢复了六佾舞。后两次大祀执行的时间都很短，没有真正举行过几次。

与其他宫廷乐舞相似，祭祀佾舞也包括文舞和武舞两部分。跳文舞时，佾舞生右手执羽，左手执龠，即短笛形的竹管，分别表示立容、立声。每个动作代表一个字，一节乐曲一组动作。武舞又称干舞，与文舞相对，舞时手执斧盾，其内容为歌颂统治者的武功。祭祀舞蹈贯穿于祭祀的全过程，但并不是每个祭祀程序都会用舞蹈。唐、宋时文舞三成，从迎神开始；武舞三成，从亚献开始。金、元有乐无舞。明代文舞，奠币、初献、亚献、终献都伴有舞。清代改为奠帛、初献、亚献、终献有舞。民国则采用初献用武舞，亚献、终献用文舞。现在明以前的舞谱已经失传，只有明、清、民国三个时期的舞谱还保存着。

---

[1]《南齐书》卷9《礼志上》，中华书局1972年版，第144页。

第二节 明、清时期的释奠仪程

由前述可知，唐代时，后世通行的文庙释奠礼仪就已开始形成。至明、清时期，释奠礼的仪节更加完备，可以说这一时期的文庙释奠礼仪是中国传统文庙祭祀的集大成者，影响深远，当前韩国文庙释奠仍在沿用明代礼仪即为例证。

一、明代释奠仪程概述

有明一代，释奠仪程经历了多次变化，除成化年间短暂升格为"大祀"外，其他时期皆为"中祀"。

祭祀程序方面，明代的释奠过程主要包括迎神、奠币、初献、亚献和终献、撤馔、送神。洪武元年（1368），曾定春秋释奠以丞相为初献，翰林学士为亚献，国子监祭酒为终献；司、府、州、县、卫学以各提调官行事。至万历二十三年（1595），又定国学春秋释奠之前，皇帝御殿传制，遣大臣祭祀孔子与四配，翰林官二员分献十哲，国子监官二员分献两庑。

祭器陈设方面，洪武元年（1368）的规定为：

正　位：笾、豆各六，簠、簋各二，登一，铏二，牺尊、象尊、山罍各一；

四配位：笾、豆各四，簠、簋各一，登一；

十哲位、两庑：笾、豆二。

至洪武十五年（1382）又进行了更定：

正　位：酒尊一，爵三，登一，铏二，笾、豆各八，簠、簋各二；

四配位：共酒尊一，各爵三，登一，铏二，笾、豆各六，簠、簋各一；

十哲位：共酒尊一，东西各爵五、铏一，笾、豆各四，簠、簋各一；

东西庑：每四位爵四，笾、豆各二，簠、簋各一。

两相比较，祭品数量均有增加。明成化十二年（1476），文庙祭祀规格升为大祀，笾、豆十二，舞用八佾。嘉靖九年（1530），文庙祭祀等级恢复为中祀，笾、豆八，舞用六佾。

释奠乐舞是文庙释奠礼仪的核心要素。明代文庙释奠乐章是洪武六年（1373）制定的，以"和"为曲。迎神奏《咸和之曲》，奠帛奏《宁和之曲》，初献奏《安和之曲》，亚献、终献奏《景和之曲》，撤馔、送神均奏《咸和之曲》。其歌章由三十二字构成，每字都有相应的舞蹈动作。

迎神：大哉宣圣，道德尊崇。维持王化，斯民是宗。典祀有常，精纯益隆。神其来格，于昭圣容。

奠帛：自生民来，谁底其盛。惟王神明，度越前程。粢帛具成，礼容斯称。粟稷非馨，惟神之听。

初献：大哉圣王，实天生德。作乐以崇，时祀无斁。清酤惟馨，嘉牲孔硕。荐羞神明，庶几昭格。

亚献、终献：百王宗师，生民物轨。瞻之洋洋，神其宁止。酌彼金罍，惟清且旨。亚献惟三，终献成礼。

撤馔：牺象在前，笾豆在列。以享以荐，既芬既洁。礼成乐备，人和神悦。祭则受福，率遵无越。

　　送神：有严学宫，四方来宗。恪恭祀事，威仪雍雍。歆格惟馨，神驭旋复。明禋斯毕，咸膺百福。①

　　洪武二十六年（1393），颁大成乐于天下郡县之学，于是始皆用乐，由此将文庙释奠乐舞推向全国。嘉靖十年（1531），对歌章进行更订，将原歌词中"宣圣"改为"孔圣"，"惟王"改为"惟师"，"圣王"改为"圣师"。

　　明代祭祀服饰十分有特点，以乐舞生服饰为例，文庙释奠时，舞生和乐生的服饰相同，身着绯袍，头戴展角幞头，足登皂靴，腰紧革带。在明代，绯袍为四品公服，革带则是士大夫的配物。

　　二、清代释奠仪程概述

　　清代的释奠仪程在继承明代基础上又进行了改进，每个程序都有严格的规范，场面壮观，气氛肃穆。

　　祭祀程序方面，清代延续了"三献礼"的设置而又有所增加。在准备期，包含有丁期、出示、涤牲、择菜、沐浴、斋宿、习仪等程式；举行释奠之时，又先后有行礼奏乐、迎神、初献、亚献、终献、撤馔、饮福受胙、瘗馔、送神、望燎、阖户等程序。

　　祭器陈设方面，清代规定：

　　　　孔子位：献爵三只，帛篚一件，香盒一件，登一只，铏两只，簠两只，笾十只，豆十只，房俎一件，茅沙池一，罍一只，洗一只，毛血盘一只，馔盘一只，胙盘一件，福爵一只（还包

---

①参见孔德平，彭庆涛，孟继新：《祭孔礼乐研究》，文物出版社 2009 年版，第 148—149 页；江帆、艾春华：《中国历代孔庙雅乐》，中国国际广播出版社 2001 年版，第 391—396 页。

含祭祀时使用的鼎、烛台、花瓶、香盘、坫、祝版、龙罩、笾巾、帨巾、燔炉、庭燎等）；

四配位：献爵三，帛篚一，香盒一，毛血盘一，馔盘一，铏二，簠二，簋二，笾八，豆八，羊、豕俎各一，香鼎一，大、小烛台各二；

东西六哲位：供爵一，铏一，簠一，簋一，笾、豆各四，共用献爵三，帛篚一，香盒一，毛血盘一，馔盘一，羊、豕俎各一，壶尊一，香鼎一，大、小烛台各二；

两庑先贤先儒位：供爵一，簠一，簋一，笾、豆各四，香鼎一，烛台二。

释奠乐舞方面，顺治十三年（1656），清廷第一次颁定国学释奠乐章，采用全新乐章歌词，乐章以"平"命名，迎神用《咸平》、初献用《宁平》、亚献用《安平》、终献用《景平》、撤馔用《咸平》、送神用《咸平》。康熙六年（1667），制定了以《中和韶乐》命名的清朝文庙雅乐。乾隆年间，释奠乐章进行了修订，乾隆八年（1743）颁布"四时旋宫"之乐，对乐章名称及歌词都进行了修改。如，顺治年间，迎神乐用《咸平》，其词曰："大哉至圣，峻德宏功。敷文衍化，百王是崇。典则有常，昭兹辟雍。有虔簠簋，有严鼓钟。"乾隆时，迎神乐用《昭平》，其词曰："大哉孔子，先觉先知。与天地参，万世之师。祥征麟绂，韵荅金丝。日月既揭，乾坤清夷。"

清代祭祀服饰采用当时的官服样式，官职不同，服饰各异。

第三节 明、清时期释奠仪程的比较

从总体上看，明、清两代的文庙释奠仪程具有相通之处，但二者之间亦存在着损益的关系。对明、清两代的释奠仪程进行比较研究，具有非常重要的意义。

一、以"中祀"为主，时常升为"大祀"

传统社会中，祭祀活动对祭服、祀期、祭器、玉帛、牲牢、供奉的神位都有明确的规定。朝廷会对列入国家祀典的祭祀活动进行分类，规模中等的典礼称为"中祀"。《周礼·春官宗伯上·肆师》："立大祀用玉帛、牲牷，立次祀用牲币，立小祀用牲。"郑玄注："郑司农曰：'大祀，天地；次祀，日月星辰；小祀，司命以下。'玄谓，大祀又有宗庙，次祀又有社稷，五祀五岳，小祀又有司中、风师、山川、百物。"历代沿其制，所定略有不同。

明初定以太岁、星辰、风云雷雨、岳镇、海渎、山川、历代帝王、先师、旗纛、司中、司命、司民、司禄、寿星为中祀。嘉靖时又增先农、朝日、夕月为中祀。中祀由皇帝派官致祭，帝王陵庙及孔子庙，则传制特遣致祭。清初定以天神、地祇、太岁、朝日、夕月、历代帝王、先师、先农为中祀。乾隆时，改常雩为大祀，先蚕为中祀。咸丰时，改关圣、文昌为中祀。光绪末年，改孔子为大祀。

仪制方面，除成化及弘治年间有过短暂升格外，明代的文庙释奠礼仪均为中祀。清代亦然，先师祭祀一直位列中祀之中，直至光绪三十四年（1908），将孔子释奠升为大祀。但随着清朝灭亡，其影响亦十分有限。

二、延续"三献"的祭祀仪程而各有创新

"三献"指祭祀时初献、亚献、终献三次献酒。《仪礼·聘礼》:"荐脯醢,三献。"《后汉书·百官志二》:"光禄勋,卿一人……郊祀之事,掌三献。"北齐天保元年(550),已定文庙释奠行三献礼。唐贞观二十年(646),皇太子释奠先圣先师,皇太子为初献,国子祭酒为亚献,国子司业为终献。

在祭祀程序方面,明、清两代都保留了"三献"的过程。明朝初年规定由丞相初献,翰林学士亚献,国子祭酒终献;嘉靖时期虽进行了礼制改革,但"三献"程序依然保留。虽然清代祭祀时曾服龙衮、具仪仗,行三跪九拜礼,但在祭祀程序上基本继承了明代,从迎神到奠币、初献、亚献、终献、撤馔等环节都是大体相似的。

三、从祀诸儒均受分献,但增删人员不同

文庙释奠主祭孔子,但位列文庙的从祀诸儒均受分献。万历二十三年(1595),国学春秋释奠,皇帝遣大臣祭祀孔子与四配,翰林官二员分献十哲,国子监官二员分献两庑。

在从祀制度方面,明、清两代在人员的确立上既有相承相袭之处,又有各自不同特点。

明朝的从祀制度经历了多个阶段的变革。洪武二十九年(1396),因行人司副杨砥的建言,罢黜扬雄从祀,以董仲舒入祀。后来嘉靖皇帝又对从祀制度重新进行了改革,在宋濂提出的名单上又有所改进,共罢除从祀十三人,却保留了扬雄,此外罢祀的还有公伯寮、秦冉等八人。另外,林放、蘧瑗等被降低规格,使他们仅在本乡受祭。增补后苍、王通、欧阳修、胡瑗从祀。后来根据薛侃的建议,从祀者中又增加了陆九渊。嘉靖之后,从祀人员又陆续有所变化。隆庆五年(1571),增加薛瑄从祀。万历年间,又先后增加罗从彦、李侗、陈献章、胡居仁、王守仁。到明

末崇祯年间，又因左丘明曾亲自领受过圣人的教诲，改称先贤。周敦颐、程颢、程颐、张载、朱熹、邵雍六人也改称先贤，位于七十贤人之下。但由于从祀名单变动后明朝就迅速灭亡，仅在国学中进行了更正，曲阜阙里孔庙及其他学校都未予以实施。

清朝初年，就继承了明代这个规定，并把它向全国推广。康熙五十一年（1712），又将朱熹从先贤升为先哲，这样，先哲就有了十一位。乾隆三年（1738），又将孔子弟子有若升为先哲。至此，先哲成为十二位，俗称"十二哲"，从此再未发生变动。

雍正二年（1724），恢复了明朝罢祀或被降低规格的林放、蘧瑗、秦冉、颜何、郑康成、范宁六人的从祀，并增加了从祀的先儒二十人。从道光年间开始，名额又有陆续增加。增祀的先儒，有明末的刘宗周、黄道周、孙奇逢等，也有北宋末年的李纲，南宋末年的文天祥等。光绪初年，又增加了汉儒许慎等。至此，从祀人员增加到一百三十四位，比明代约增加了二分之一。光绪年间，又将王夫之、黄宗羲、顾炎武三人一起从祀。

四、释奠乐舞有继承又有创新

在释奠乐舞方面，明、清之间也凸显出既有继承又有创新的特点。明代的文庙释奠，除成化、弘治年间短暂升为大祀、舞用八佾外，其他时期都是六佾舞。乐章是洪武六年制定的，复以"和"定名，迎神奏《咸和之曲》，奠帛奏《宁和之曲》，初献奏《安和之曲》，亚献、终献奏《景和之曲》，撤馔、送神均奏《咸和之曲》。六章六奏，歌章几乎全部选自宋代大晟乐府撰写而未用的乐章，只有几个字有所改变。嘉靖之前，文舞、武舞并用；嘉靖之后，取消武舞，只用文舞。

清代初年，释奠乐章沿袭明制，但以后连续几次都在继承的基础上进行了改进。清朝的释奠礼，在未真正升为大祀的绝大部分时间内，都是采用六佾舞，直至清朝末年才改用八佾，与社稷祭祀同级。顺治初年，国学文庙致祭孔子，所演奏的乐章斟酌了宋、明两代文庙歌诗，在继承前代释奠乐章的基础上，糅进了新词句。后颁定国学释奠乐章，采用全新的乐章诗词，乐章名称将明朝所用乐章中的"和"字改为"平"，取"天下太平"之意，新订乐章为迎神用《咸平》，初献用《宁平》，亚献用《安平》，终献用《景平》，撤馔用《咸平》，送神用《咸平》。但仍沿明制采"六章六奏"方式，舞用六佾，三献均用文德之舞。康熙帝在斟酌明代及其之前雅乐沿革基础上，制定了以《中和韶乐》命名的清朝文庙雅乐。迎神乐奏《昭平》，初献乐奏《宁平》，亚献乐奏《安平》，终献乐奏《景平》，撤馔乐奏《咸平》乐章。送神时，更换歌辞，复奏《咸平》之曲。全乐为五曲七奏。乾隆六年及八年，分别新颁全国各郡县及阙里孔庙"四时旋宫"之乐，对康熙时的乐名有所改动，全曲更为六章八奏。本次修改，沿用了《中和韶乐》的名称，乐章名保留了顺治年间所用《咸平》《宁平》《安平》《景平》《咸平》《咸平》"六乐中的"平"字，改名为"《昭平》《宣平》《秩平》《叙平》《懿平》《德平》"，但乐诗词及佾舞谱则有不同。

尽管清代对明朝的祭祀礼仪多有改变，但明、清两代所使用的释奠舞谱，基本形式没有发生改变，这表明佾舞在明代经长期使用，已经深入人心，即使改朝换代，人们也没有将其进行改变。虽然如此，"三献礼"的其他方面却不是一成不变。从释奠舞谱看，明朝与清朝舞蹈的动作已经有了变化，舞者的服饰自然也有改变。即使同是明朝，舞谱也有不同，嘉靖年间（约1544）整理的舞谱是单人表字，而明代后期的万历年间（约1615—1619间）整理的舞谱则是两人并对表字①。

五、祭器陈设种类趋同，但数量不一

在祭器祭品方面，明、清两代所用祭器祭品基本没有什么差别，都

---

①杨朝明：《礼制"损益"与百世可知——孔庙释奠礼仪的时代性问题省察》，《济南大学学报》2009年第4期，第5页。

是自古以来祭祀中专用的笾、豆、簠、簋、登、铏、牺尊、象尊、山罍等，只是数量有所不同，这也表明释奠礼这一古老礼仪本身所具有的规范要素以及所代表的文化内涵已经植根于人们的思维定势中，根本无法改变，也无须改变。但即便如此，祭器所用数量的变化却能确切代表祭祀的规格等级，这从另外一个方面也说明了释奠礼仪在操作过程中同样具有灵活多变的特点，能够适应不同时期、不同场合的现实需要，表述出祭祀者的心理诉求。

明代洪武年间，因为在释奠制度上的反复，在祭器数量也有明显体现。至成化年间，文庙祭祀笾、豆的数量为十二，舞用八佾，表明祭祀规格已升为大祀。嘉靖九年，文庙释奠笾、豆的数量又改为八，舞用六佾，说明祭祀等级又恢复为中祀了。

清代，孔子神位前的祭器为：献爵三只、帛篚一件、香盒一件、登一只、铏两只、簋两只、笾十只、豆十只、房俎一件、茅沙池一只、罍一只、洗一只、毛血盘、馔盘一只、胙盘一件、福爵一只，还有祭祀时使用的鼎、烛台、花瓶、香盘、坫、祝版、龙罩、笾巾、幎巾、燔炉、庭燎。数量比明代除成化年间外明显增多，说明祭祀的规格提升了。

六、祭祀服装各具时代特色

在祭祀服饰方面，明代时，曲阜阙里孔庙孔子像为冕十二旒，服十二章，执镇圭，用天子礼服，并由元代的左衽改为右衽。明代嘉靖年间，因为改用木主，毁掉塑像，服饰自然也就无从谈起。清代沿袭明代传统，大部分地方仍采用木主方式。曲阜阙里孔庙塑像采用周代服制，玄衣纁裳，孔子冕十二旒，服十二章，启圣和四配、十二哲都是九旒九章。

与祭官员都是身着官服，随着朝代更迭，与祭人员的服饰自然也由明式改为清式，存在着明显的不同。乐舞生的服饰也由明代时的不分等级改为等级有别，以乐生为上，舞生次之，执事生又次之。这表明了清朝的等级秩序与明代相比更加严格有序。

从上面的评述中我们可以看出，明、清两代的释奠礼仪既有变与不变、扬与弃之分，同时也表现出一脉相承的特点。但是，不管是明代对释奠礼的反复以及变革，还是清代对释奠的不断加隆，都有着深刻的时代背景和社会原因，显示出不同朝代不同的价值取向和社会需求。

第四章

文庙释奠的从祀制度

文庙释奠来源于上古时期祭祀先圣、先师的礼乐传统，经过后世的改革和完善，逐渐形成了以祭祀制度、从祀制度、附祭制度为主要内容的国家性祭祀礼制。其中，从祀制度是最能体现文庙释奠内涵的一项制度。

第一节 文庙从祀制度的历史变迁

文庙释奠虽有上古时期祭祀先圣、先师的礼乐传统可循，但用弟子陪祀先师接受后人祭拜是古代未尝出现过的，职是之故，文庙从祀制度实为后世的创举。然而，也正是由于其后起性，文庙从祀制度无疑有成规可循。只要略加剖析，即可发现借鉴其他礼制的痕迹。

一、文庙从祀制度的起源

从祀制度在文庙释奠中具体表现为以孔子为主祭对象，孔门弟子及历代大儒作为配祭，并按照国家规定的等级接受祭拜。这种有主、有配的祭祀传统，在上古礼制中十分常见。班固《汉书·郊祀志》记载："郊祀社稷，所从来尚矣。"颜师古谓："起于上古。"即无论郊祭还是社稷均源自上古时代。古人祭天于郊，故称为郊祭。《礼记·祭义》记载：

　　郊之祭，大报天，而主日，配以月。

郊祭之典以日为主，以月相配。之所以如此，孔颖达解释说："天无形体，县象著明，不过于日月，故以日为百神之主，配之以月，自日以下皆祭，特言月者，但月为重，以对日耳。"①

"祭社"与"祭稷"同样有主、有配。宋儒方悫说：

> 有其祀，必有其配。故主以日，而又配以月也。犹之祭社，
> 则配以句龙；祭稷，则配以周弃焉。②

这里的"社"指"五土之神"，"稷"则指"五谷之神"。有祭祀，必定有配享，祭天要主日配月，祭社以句龙配，祭稷以周弃配。句龙、周弃为何能配享"五土之神"与"五谷之神"呢？《后汉书·祭祀志》记郑玄说："古者官有大功，则配食其神。"也就是说，历史人物可充任郊天配位的角色，通常这个人物是创业垂统的始祖。句龙相传为共工之子，能平水土，《晋书·天文志上》记载："弧南六星为天社，昔共工氏之子句龙，能平水土，故祀以配社，其精为星。"周弃则是周部落的先祖，善于种植各种粮食作物，曾在尧舜时代当农官，教民耕种，有功于后世。通过上述史料可知，一方面陪祭配位实乃古代祭典之常事，另一方面不仅日、月等自然界的物体可以用来陪祭，句龙、周弃等历史人物亦可行配位之实。

根据史料记载，祭祀社稷的仪式已通行于汉代，是当时中央与地方的常行之典，这些祀典成为官方所奉行的祭礼，所以"配位"之典亦已成为惯例。例如，元鼎四年（前113），汉武帝亲临郊祭，但发现后土无祀，"礼不答也"，于是"天子遂东，始立后土祠汾阴脽上"③。汉平帝年间，王莽"颇改其祭礼"，"祀天则天文从，祭地则地理从。三光，天文也。山川，地理也。天地合祭，先祖配天，先妣配地，其谊一也。天地合精，

_____

① [汉] 郑玄注，[唐] 孔颖达疏：《礼记正义》，[清] 阮元校刻：《十三经注疏》（清嘉庆刊本），中华书局2009年版，第3460页。
② [宋] 卫湜：《礼记集说》，上海古籍出版社1987年版，第998页。
③ 《史记》卷12《孝武本纪》，中华书局1959年版，第461页。

夫妇判合。祭天南郊，则以地配，一体之谊也"。又有合祭、分祭之仪，孟春，"天子亲合祀天于南郊，以高帝、高后配"；冬至，"使有司奉祠南郊，高帝配"；夏至，"使有司奉祭北郊，高后配"[①]。东汉时期，光武帝立北郊于洛阳城北。三十三年正月辛未，举行郊祭。"别祀地祇，位南面西上，高皇后配，西面北上，皆在坛上，地理群神从食，皆在坛下，如元始中故事"[②]。光武帝祀地祇，同时涉及"配享"与"从食"，而且有"坛上"与"坛下"之分，台湾学者黄进兴先生认为这种现象对文庙从祀制度"最富启示"，他说："后世孔庙'配飨'诸儒位居殿堂，而'从祀'之儒只能忝列两庑，其渊源即在于此。"[③]

值得注意的是，作为周代礼乐文明奠基人的周公可能是配享、从祀制度的创立者。《孝经·圣治章》有曰："昔者周公，郊祀后稷以配天，宗祀文王以配上帝。"在这里，无论被主祭还是配享、从祀，所有的对象都具备了展禽所谓"有功烈于民"这一基本条件。郊祭乃是为了"报天"，现实中的人物配食其神，是由于他们"有大功"。

总之，文庙释奠最终形成之前，其他祭礼实施"配享"与"从祀"由来已久。对文庙本身而言，"配享"与"从祀"事实上皆属于日后追加之礼制。

二、文庙从祀制度的定型

文庙从祀制度虽有上古礼制可以借鉴，但作为一种弟子从祀于先师之礼，却又有它自身独特的发展脉络。据《左传》记载，孔子卒于鲁哀公十六年，即公元前479年。阙里孔庙必定立于此后，但最初仅具有家庙、祠堂的性质。到了东汉年间，文庙逐步转化为官庙。于此之后，文献中才出现了有关文庙从祀制度的记载：东汉永平十五年（72），明帝东巡

① 《汉书》卷25下《郊祀志下》，中华书局1962年版，第1265—1266页。
② 《后汉书》卷98《祭祀志中》，中华书局1965年版，第3181页。
③ 黄进兴：《圣贤与圣徒》，北京大学出版社2005年版，第54页。

过鲁，祀仲尼及七十二弟子。这也成为孔门弟子从祀文庙的滥觞。最迟到东汉末年，文庙中的配享之制已经出现。这从时人祢衡的《颜子碑》中可得到佐证，碑文中讲到："配圣馈，图辟雍。"此后，国学释奠中也出现了这种形式。三国曹魏正始年间，齐王曹芳通习儒家经典后派遣太常于辟雍祭祀孔子，同时以颜渊配享。晋、南朝宋时期，国学释奠基本沿用此形制，以颜渊配享孔子。文庙从祀制度自东汉以来逐渐形成，基本上确立了以颜回为代表的仲尼七十二弟子从祀体系，奠定了文庙从祀制度的初步基础。

虽然文庙从祀制于东汉明帝时已启其端，但包含"从祀"与"配享"的一整套制度的规范运作，则是到了唐玄宗开元年间才得以确立。唐代是文庙从祀制度发展的关键时期，在这一阶段整个制度日渐完备。表现在两个方面，其一，孔子的"先圣"地位最终确立。唐高祖武德七年（624），孔子一度沦为周公之配享。虽然太宗贞观二年（628），停祭周公，升孔子为先圣，以颜回配享，但孔子先圣的地位并非就此稳固。高宗永徽年间，再次升周公为先圣，黜孔子为先师，颜回、左丘明皆降为从祀。显庆二年（657），礼部尚书许敬宗等领衔上疏，认为永徽年间有关从祀制度的规定不合情理：

> 今据永徽令，改用周公为先圣，黜孔子为先师，颜回、左丘明并为从祀。……圣则非周即孔，师则偏善一经。汉、魏以来，取舍各异。颜回、夫子互作先师，宣父、周公更为先圣，求其节文，递有得失，所以贞观之制，正夫子为先圣，加众儒为先师。而今新令，辄事刊改，但周公摄政，制礼作乐，功比王者，祀之儒馆，实贬其功。仲尼生衰周之末，拯文丧之弊，祖述尧舜，宪章文武，弘圣教于六经，阐儒风于千载，故孟轲称生灵以来，一

人而已。自汉以降，奕叶继侯，崇奉其圣，迄于今日，胡可降兹上哲，俯入先师？且又丘明之徒，见行其学，贬为从祀，亦无故事。今请改令从诏，于义为允。其周公仍依礼配飨武王也。①

在这些朝廷礼臣的努力下，孔子先圣的地位才得以重新恢复。从此，孔子真正成为文庙从祀制度的核心。

其二，从祀人物的选取标准也得到进一步完备。贞观二十一年（647），唐太宗李世民以左丘明、公羊高等二十二位先儒从祀文庙，但孔门弟子除颜回、子夏外，全都不在从祀之列。这种局面在唐开元八年（720）得到改善，玄宗李隆基命以"圣门四科"的颜回、子夏等十名弟子从祀文庙，并图画孔门弟子及二十二贤于庙壁之上。这为此后的文庙配从制度树立了典范，孔门弟子及儒家圣贤同时从祀文庙成为定制。

第二节 文庙从祀制度的构成

文庙释奠礼仪包含礼、乐、歌、舞等多个环节，除主祭孔子外，还要祭祀其他儒家圣贤，这就涉及到文庙的从祀制度。

按照与孔子关系的远近和对儒学发展贡献的大小，文庙从祀可分为配享、配祀、从祀三个位阶。"配享"是祭祀孔子时陪祭的第一等级，共有四位人物：复圣颜回、宗圣曾参、述圣孔伋和亚圣孟轲，即我们通常所说的"四配"。"配祀"属于第二等级，包括闵损、冉耕、冉雍、宰予、端木赐、冉求、仲由、言偃、卜商、颛孙师、有若、朱熹十二人，通称"十二哲"。"从祀"属第三等级，包括先贤、先儒两部分，他们

---

① [唐] 杜佑：《通典》卷53，中华书局1988年版，第1480—1481页。

的牌位被供奉在文庙大成殿前的东西两庑内。

一、四配

四配位于文庙大成殿内，颜回、孔伋在左，亦称为"东配"；曾参、孟轲在右，又称为"西配"。"四配"人选最终确定是在南宋咸淳三年（1267），是年春度宗诣太学，拜谒孔子，行舍菜之礼，同时以颜渊、曾参、孔伋、孟轲配享。需要指出的是，由于当时南宋朝廷偏安一隅，度宗皇帝的诏令对北方蒙古人的统治区域起不到多大作用。因此，官方确定的"四配"人选只能在南宋统治区的学校孔子庙及浙江衢州的孔氏家庙中得到体现。元朝统一全国后，直到延祐三年（1316）七月，才因御史中丞赵世延"南北祭礼不宜有异"的建言改为奉祀四配。此后，明、清两代延续了此四人配享孔子的模式，但也有一些变化。比如，明世宗嘉靖九年（1530），朝廷厘正祀典，依大学士张璁之议，尽去封爵，四配改称某圣某子；除曲阜阙里孔庙保留四配塑像外，其他文庙一律采用木主。清朝基本沿用了明代文庙祀典的礼制，四配人选及祭祀礼制都没有根本性的改变。

（一）复圣：颜子

四人配享文庙因缘不一，历史迥异。其中颜回（前521——前481）配享最早，地位稳固。这与他在孔门弟子中的特殊地位是分不开的。颜回德行高超，位列孔门"德行科"之首；"一箪食，一瓢饮，在陋巷，人不堪其忧，回也不改其乐"[①]，一心向学，是孔子最为得意的弟子。颜回终身不仕，追随孔子左右，情同父子，"颜回之于孔子也，犹曾参之事父也"[②]。颜回去世时，孔子悲痛欲绝，至有"天丧予！天丧予！"[③]之叹，足见其受孔子钟爱的程度。

---

①《论语·雍也》。
②《吕氏春秋·劝学》。
③《论语·先进》。

　　关于颜回开始配享文庙的时间，历代学者颇有争议。综观各方观点，大体可分为两类，即"西汉说"和"正始说"。持"西汉说"的学者包括明代陈镐、孔贞丛等人。陈镐的《陋巷志》刊刻于明正德年间，其卷4《恩典志》中有关于颜回配享的记载。书中讲到，汉高帝十二年，刘邦在曲阜祭祀孔子，以颜回配享。明代学者孔贞丛对此有同样的看法，据其著作《阙里志》载："汉高帝十二年，冬巡守过鲁，以太牢祀孔子，以颜子配飨，历代因之。"汉高祖亲临曲阜，以太牢祀孔子，首开帝王祭祀孔子的先河，这一事件在司马迁的《史记》中有明确记载，但"以颜子配飨"之说却无其他史料可资证明，恐系无稽之谈。明儒李之藻、邱濬，清儒秦蕙田等则持"正始说"。他们认为，颜子配孔子始于魏王曹芳正始年间。但涉及到具体年份，各家观点又不相同。李之藻、邱濬认为是魏王曹芳正始七年（246），"魏主芳正始七年，令太常释奠，以太牢祀孔子于辟雍，以颜渊配。按：释奠及颜渊配皆始此"[1]。秦蕙田则认为时间应是正始二年（241），他说："孔庙配享之典，颜子定于三国魏正始二年。"[2]两相比较，秦氏的观点更为严谨。其原因有二：首先，考诸《三国志》，两者时间相似，同为"魏正始二年"。其次，秦氏《五礼通考》一书以精谨为世人称道，前后历时38年，几易其稿，岁六十始成。四库馆臣赞为："其他考证经史，元元本本，具有经纬。非剿窃、挂一漏万者可比。较陈祥道等所作，有过之无不及矣。"[3]《清史稿》亦称其著"博大闳远，条贯赅备"[4]。但这样就会产生另外一个问题，即秦氏观点囿于正史之限，忽视了其他史料记载。那么颜子享受配祀之荣始于何时呢？我们认为，最迟到东汉末年，已经出现了颜子配享的形式。东汉祢衡著有《颜子碑》，其中有"晋圣德，蹈高纵。……配圣馈，图

---

① [明] 李之藻：《頖宫礼乐疏》卷1，《四库全书》本。
② [清] 秦蕙田：《五礼通考》卷120，《四库全书》本。
③《四库全书总目提要·经部·礼类》。
④《清史稿》卷304《秦蕙田传》，中华书局1976年版，第10502页。

辟雍"之辞[1]，可见当时颜回已经图画辟雍，配享孔子。若此文可采信，则颜子配享孔子必不晚于祢氏之世。

清儒庞钟璐在《文庙祀典考》中言："汉永平十五年，祀七十二弟子，颜子位第一。魏晋祀孔子，均以颜子配。"[2]庞氏之言半虚半实，虚拟之处在于"祀七十二弟子，颜子位第一"，今考证其他史料，并无此类记载。黄进兴先生认为这是"就颜子在孔门突出的形象，所预铸的虚拟之辞"[3]，其真实性尚待证实。"魏晋祀孔子，均以颜子配"乃实测之言。据《三国志》记载，魏正始二年春二月，齐王曹芳"初通《论语》，使太常以太牢祭孔子于辟雍，以颜渊配。"晋元康初年，皇太子讲《孝经》通，亲临太学释奠，时人潘尼的《释奠颂》中记载了这一盛况，其中就有"乃扫坛为殿，悬幕为宫。夫子位于西序，颜回侍于北墉"的描写。迄北齐之时，释奠之礼要"拜孔揖颜"，而"郡学则于坊内立孔、颜庙"[4]，足见颜回在释奠礼制中的突出地位。唐贞观年间的国子博士朱子奢曾对太宗建言："庠序置奠，本缘夫子。故晋、宋、梁、陈及隋大业故事，皆以孔子为先圣，颜回为先师，历代所行，古人通允。"[5]因此，魏晋祭祀孔子，均以颜回配享，庞氏之说是有据可循的。

综上所述，最迟到东汉末年，颜回就已经配享文庙。魏正始年间，颜子配享的形式出现在太学释奠中。此后，皇太子初通儒经派官祭祀孔子时以颜回配享就成为不成文的制度。由此可见，颜回作为四配"第一人"的地位是毋庸置疑的。

有唐一代，颜回的配享地位更加巩固，其间虽有唐高宗永徽元年（650），改周公为先圣，孔子为先师，颜子、左丘明等降为从祀的举动，但这并不妨碍颜回得到更大的殊荣。表现在两个方面：其一，唐初完善

---

①[唐]欧阳询等编：《艺文类聚》卷20，上海古籍出版社1985年版，第361页。
②[清]庞钟璐：《文庙祀典考》，（台湾）中国礼乐学会1977年版，第46页。
③黄进兴：《圣贤与圣徒》，北京大学出版社2005年版，第57页。
④《隋书》卷9《礼仪志四》，中华书局1973年版，第181页。
⑤[宋]王溥：《唐会要》卷35，中华书局1955年版，第635-636页。

从祀制度的运作中，朝廷更加重视颜回，把他作为文庙从祀的标准。贞观二十一年（647），太宗下诏以左丘明等二十二贤从祀文庙，这是文庙从祀制度形成以来，首次大规模增加从祀人选。诏书谓："自今有事太学，可与颜子俱配享孔子庙堂"[1]。又，高宗显庆二年（658），长孙无忌等议曰："按新礼，孔子为先圣，颜回为先师。又准贞观二十一年以孔子为先圣，更以左丘明等二十二人与颜子俱配尼父于太学，并为先师。"[2]其二，颜回的封号级别逐渐提升，配享礼制更加完善。祭祀孔子以颜回配享虽早已成为定制，但颜回受朝廷追封、加官进爵之荣却是从唐代开始的。唐高宗总章元年（668），赠颜回为太子少师。睿宗太极元年（712），又加赠颜回为太子太师。玄宗开元八年（720），国子司业李元瓘建言："先圣孔宣父，配坐先师颜子，今其像见在立侍。准'礼授坐不立，授立不跪'。况颜子道亚生知，才充入室，既当配享，其像见立。请据礼文，合从坐侍。"[3]乃诏颜回至子夏等十哲为坐像，悉预祀。以颜子亚圣，特为制赞，书于石。开元二十八年（740），追赠颜回为兖公，西向配，其爵位列众儒之首。

宋代以后的礼制改革中，涉及颜回封号的共有三次。第一次是宋真宗大中祥符二年（1009），加封颜回为兖国公。第二次是元代文宗至顺元年(1330)，赠颜子兖国复圣公。第三次是明嘉靖时期的祀典改革，颜回被称为"复圣颜子"，这种称谓一直延续到清代。

（二）宗圣：曾子

曾参（前505—前435），字子舆，春秋末年鲁国人。孔子弟子，孔伋之师。他上承孔子之道，下启思孟学派，对早期儒家的发展产生了重要影响。曾参进入四配的行列，与传统社会对"孝"的提倡有很大关系。曾参作《孝经》，主张"孝始于事亲，中于事君，终于立身"[4]，这为

---

[1]《旧唐书》卷189《儒学列传上》，中华书局1975年版，第4942页。
[2] [宋] 王溥：《唐会要》卷35，中华书局1955年版，第636页。
[3] [宋] 王溥：《唐会要》卷35，第639页。
[4]《孝经·开宗明义》。

历代统治者所看重。以至于有些皇帝亲自注释，以广行天下。由于帝王的尊崇和提倡，《孝经》在历史上具有其他典籍无可比拟的特殊地位。西汉文帝时，设置《孝经》博士。东汉光武帝时期，不仅儒生要读《孝经》，即使是宫廷卫士（"虎贲士"）也必须学习。另外，《孝经》也是汉代选择官吏的必试科目之一。《续汉志》曰："汉制以《孝经》试士。"荀爽也说："汉制使天下诵《孝经》，选吏举孝廉。"①六朝时，《孝经》的注解、传授最为丰富；皇帝、皇太子听经、讲经、注经，成为宫廷学术活动的重要内容。晋武帝泰始七年（271）、惠帝元康元年（291），都有皇太子讲《孝经》的礼仪活动。在唐代，玄宗两度亲注《孝经》，诏令"天下家藏《孝经》，精勤教习，学校之中，倍加传授，州县官长，申劝课焉"②。天宝四年（745），玄宗又亲以八分书写《孝经》，刻石立于太学。宋代时，宋太宗御书《孝经》赐给李至，说："（千文）理无足取，若有资于教化，莫《孝经》若也。"③南宋高宗除御书《孝经》赐给幸臣外，又颁御书《孝经》于天下州学。元、明、清三代，《孝经》仍然是必读必尊的经典。可见，《孝经》既是重要的经典文献，又是最普及的通俗读物；既被看作人伦百行的纲纪，又被当作科举仕宦的阶梯，影响之深远，其他书不可同日而语。

曾参享受追封、入祀文庙始于唐代。总章元年（668），皇太子李弘幸国学，行释奠之礼，为"眷曩哲以勤怀，显颜、曾之特高，扬仁义之双美"④，上表祈求褒赠颜回太子少师，曾参太子少保，高宗并从之。前代有不少学者认为此次追赠乃曾参从祀文庙之始，如孔尚任《阙里志》曰："唐高宗总章元年，赠太子少保，从祀庙廷。"邱濬在其著《大学衍义补》中也认为："此后世追赠孔门弟子之始，而以曾参配享亦始于

---

① 《后汉书》卷62《荀爽传》，中华书局1965年版，第2051页。
② [宋] 王溥：《唐会要》卷35，中华书局1955年版，第645页。
③ 《宋史》卷266《李至传》，中华书局1977年版，第9176页。
④ [清] 董诰等编：《全唐文》卷12，中华书局2001年版，第153页。

此。"不过，我们认为这种观点是缺乏史实依据的。《旧唐书》《新唐书》等文献典籍的有关记载中，均未明确指出曾参于此时入祀文庙。据《唐会要》记载："太极元年二月十六日，追赠颜回为太子太师，曾参为太子太保，并配享孔子庙。"因此，曾子入祀文庙应始于太极元年（712），而非前述总章元年。清儒秦蕙田也指出："曾子配享乃在睿宗太极元年，非高宗时也。"开元八年（720），曾子特受褒遇，地位得到空前的提升。朝廷给以"曾参大孝，德冠同列，特为塑像，坐于十哲之次"殊荣[1]。开元二十七年（739），朝廷的诏书中称："夫子格言，参也称鲁。虽居七十之数，不载四科之目。顷虽异于十哲，终或殊于等伦。允稽先旨，俾循旧位。庶乎礼得其序，人焉式瞻。"[2]地位虽未提升，但朝廷依然追赠曾参为郕伯。

曾参在唐代受到朝廷恩宠，为日后升入"四配"行列奠定了基础。大中祥符二年（1009），宋真宗晋曾参为瑕丘侯。因犯孔子讳，又于徽宗政和元年（1111），改瑕丘侯为武城侯。南宋度宗咸淳三年（1267），加封为郕国公，配享孔子。元文宗至顺元年（1330），加赠郕国宗圣公，此曾参封圣之始。明嘉靖九年（1530），改称宗圣曾子。

（三）亚圣：孟子

孟子（前372—前289）配享始于宋代。宋神宗熙宁七年（1074），判国子监常秩等请立孟轲、扬雄像于庙庭。接着在元丰六年（1083），依吏部尚书曾孝宽之请，诏封孟轲为邹国公，这成为孟子入祀文庙的先声。元丰七年（1084），孟子进入配享之列。这一年，朝廷从晋州州学教授陆长愈之请，诏以孟轲配祀文宣王。此后，孟子屡受加封。至顺二年（1331），加赠邹国亚圣公。明嘉靖九年（1530），改称亚圣孟子。

---

[1]《旧唐书》卷24《礼志志四》，中华书局1975年版，第920页。
[2]《旧唐书》卷24《礼志志四》，第921页。

相比于其他三位，孟子进入配享之位的道路显得异常坎坷。

首先，入祀较晚。孟子入祀文庙直到宋代才得以实现。如前所述，颜回配享可追溯到东汉末年，而曾参也在唐初享受到入祀文庙之荣。两相比较，孟子在宋代以前可谓"星光黯淡"。探究其中的缘由，虽有选取标准不同而导致的入祀时间上的差异，但更主要的原因还在于儒学内部学术风向的演变。其实，早在西汉孝文帝之时，《孟子》一书就已设置博士官，但武帝时又被废除。而后私家著作固不乏征引者，惟无复享有官学地位。唐中叶以后，《孟子》又逐渐受到重视。唐肃宗宝应二年（763），礼部侍郎杨绾谓："《论语》《孝经》皆圣人深旨。孟子亦儒门之达者。其学官望兼习此三者。"[1]即主张孝廉一科兼习《论语》《孝经》及《孟子》。孟子地位得到实质性的提升是在宋代，但其源头则可追溯到中唐时期的韩愈。韩愈文学功底深厚，是"散文八大家"之一，享有"文起八代之衰"的美誉。在儒学发展史上，他更是承前启后的关键人物。韩愈推尊孟子为儒家道统的继承者，他在《原道》一文中讲到：

> 斯吾所谓道也，非向所谓老与佛之道也。尧以是传之舜，舜以是传之禹，禹以是传之汤，汤以是传之文、武、周公，文、武、周公传之孔子，孔子传之孟轲。轲之死，不得其传焉。[2]

韩愈所揭示的这一道统谱系，成为宋代儒学振兴的基础。由于他着意突出孟子在道统延续中承先启后的重要地位，以至宋代儒学不论各派观点如何，都以继承孟子为志业。在宋初儒者的观念中，孟子处于儒学发展中不可或缺的枢纽地位。这种学风的改变，为孟子荣登孔庭奠定了

---

[1] [宋] 王溥：《唐会要》卷 76，中华书局 1955 年版，第 1396 页。
[2] 屈守元、常思春：《韩愈全集校注》，四川大学出版社 1996 年版，第 2662 页。

理论基础。

需要指出的是,有关孟子进入地方文庙的记录出现甚早。韩愈所撰《处州孔子庙碑》中已透露出孟轲、荀况、韩婴、董仲舒、扬雄诸儒,原不在从祀之列,却随从祀之儒而图之壁上。宋初,柳开为润州孔子庙所撰的碑文中亦道出,太平兴国八年(983),润州所重修的文庙已立有孟子塑像一事。京师文庙处于京畿重地,仪典森严,官规严格,很难变通;反之,地方文庙则较为灵活,可因地制宜,不但及时反映出时代思潮的变化,且能预示着文庙从祀制度变动的趋势。

其次,争议较大。元丰七年(1084),孟子开始配享孔圣。但朝廷仍有颇多异议者,他们认为配享、从祀文庙之人皆与孔子同时,而今以孟轲并配,乃不当之举。但礼臣援引唐贞观从祀之例,以伏生、高堂生、杜预、范宁、郑玄等人与颜子并配,至宋仍然从祀,足见入祀文庙未必同时。"挺孟派"与"倒孟派"一时争论激烈,最终朝廷采纳了"挺孟派"的建议,由宋神宗亲自下诏裁令才平息了这场争论。而到了明太祖朱元璋时期,孟子的配享地位再次受到冲击。洪武五年(1372),朱元璋以《孟子》一书所言"君之视臣如土芥,则臣视君如寇仇"乃"非臣之所宜言"而取消孟子的配享。此举受到朝廷大臣的反对,刑部尚书钱唐更是冒死谏言,为孟子鸣冤[1]。虽然第二年就以"辨异端,辟邪说,发明孔子之道"恢复了孟子的配享之位[2],但朱元璋仍然对孟子耿耿于怀,于是在洪武二十七年(1394),命令翰林学士刘三吾对《孟子》进行删节,成《孟子节文》一书,并以此作为科举取士的范本。

(四)述圣:子思子

在配享孔子的四人中,子思(前483——前402)入祀文庙最晚,但

---

①《明史》卷139《钱唐传》,中华书局1974年版,第3981—3982页。
②《明史》卷50《礼志四》,第1296页。

"提升"速度最快。到咸淳三年（1267），子思就已经成为四配之一，且以后再未改变。

这种情况与儒家学术风向的转变有着直接关系，即"新学"彻底式微，而"伊洛之学"受到重视。此前，"伊洛之学"受到抑制有两方面的原因。一是北宋时期，长期受制于代表官学的"荆公新学"。二是进入南宋后，朱熹及其门人又在学术上受到"伪学"的指控，且政治上"庆元党禁"对其迫害颇深。随着王安石新政的终结，程朱理学在南宋后期开始为统治阶级所接受和推崇，到明清时期正式成为国家的统治思想。

《中庸》被认为是思孟学派心性哲学的代表作，受到格外重视。早在唐代，韩愈、李翱等人就曾着力突出《大学》《中庸》作为振兴儒学的要籍。北宋初年，《中庸》与《大学》由《礼记》诸多篇章中脱颖而出，单独刊刻，其地位遂与《论语》《孟子》并列，成为儒家"四书"之一。此后，二程大力表彰"四书"，将《中庸》视为孔门传授心法之作；朱熹对"四书"倾注精力最多，论述尤为详细，而对《中庸》更是"竭尽心智"。由于程朱理学渐成儒学正统，"四书"也取代了"五经"，成为阐释儒家义理最根本的依据。

有了这些力量的推动，作为《中庸》的撰述者[①]，子思在文庙中的地位步步高升。宋徽宗崇宁元年（1102），朝廷以子思"圣人之后，孟氏之师，作为《中庸》，万世景仰"，追封其为"沂水侯"。继而，宋大观二年（1108），子思奉诏入祀文庙，位列左丘明等二十四贤之间。理宗端平二年（1235），又诏升子思为"十哲"。最终在咸淳三年（1267），子思与曾参一起晋身圣殿，配享宣圣。

配享之位品级极高，自然受到格外的重视。而政治因素的渗入，使

---

① 参见杨朝明：《〈中庸〉成书问题新探》，《河南科技大学学报》，2006年第5期，第12页；杨朝明：《上博竹书〈从政〉篇与〈子思子〉》，《孔子研究》2005年第2期，第17—24页。

得配享之争变得更为复杂，王安石配享文庙的闹剧就是一例。宋神宗时期，王安石领导变法，官至宰相，权倾一时。哲宗继位后，元祐党人乘机打压旧党。但哲宗亲政后，新党重新执政，王安石获配享宋神宗。徽宗崇宁三年（1104），王安石获从祀文庙的殊荣。政和三年（1113），蔡京当国，王安石获封"舒王"并配享文庙，位邹国公之次。随着北宋败亡，新党势力渐衰，王安石配享孔子也逐渐走到尽头。靖康元年（1126），王安石被赶出大成殿，降为东西两庑从祀。最终在淳祐元年（1241），宋理宗以王安石"天命不足畏，祖宗不足法，人言不足恤"为万世罪人，将其罢祀文庙。王氏在文庙地位变迁的原因中，文化因素固然不可忽视，但相比较而言起决定性的作用还是政治斗争的成败。

二、十二哲

十二哲的形成也经历了一个漫长的演变过程，其人选最初来源于所谓"圣门十哲"。孔子有教无类，桃李遍布天下，司马迁在《史记·孔子世家》中称："孔子以诗书礼乐教，弟子盖三千焉，身通六艺者七十有二人。"孔子在《论语》中曾经用德行、言语、政事、文学四科来评价他的学生："德行：颜渊，闵子骞，冉伯牛，仲弓。言语：宰我，子贡。政事：冉有，季路。文学：子游，子夏。"[1]以颜渊为首的十位门生得到孔子的赞许，自然也成为他们身后入祀文庙的依据。于是，开元八年（720），唐玄宗诏令以此十人从祀文庙。十哲后来又发生多次变化，首先是在南宋理宗端平二年（1235），以子思子补十哲之缺。后来咸淳三年（1267），子思子升为配享后，以颛孙师补十哲之缺。清康熙五十一年（1712），增补朱熹配祀孔子，形成十一哲。乾隆三年（1738），升有若位居朱熹之上，十二哲最终形成。

[1]《论语·先进》。

　　"十二哲"位于文庙大成殿的东西两山，东面为闵损、冉雍、端木赐、仲由、卜商、有若，西面为冉耕、宰予、冉求、言偃、颛孙师、朱熹。现将其分别介绍如下：

　　闵损，字子骞，鲁国人。禀性至孝，《孔子家语》曰："闵子以德行著名，夫子称其孝焉。"[①]少时常遭后母虐待，父亲得知欲出后母。闵损曰："母在一子寒，母去三子单。"父善其言而止，母为感悟。孔子对此评价道："孝哉！闵子骞。人不间于其父母昆弟之言。"[②]中年时期父亲亡故，守孝期内恰逢鲁国战事，他深明大义，不避时贤之议，受召服役，役罢而归。季氏让他做费邑宰，辞不受命，故终生未仕。

　　冉雍，字仲弓，鲁国人。早年拜师孔子，随孔子周游列国，回鲁国后曾担任季氏宰。孔子特别器重他，认为冉雍有人君之度[③]，谓其"可使南面"[④]。子贡评价曰："在贫如客，使其臣如藉，不迁怒，不探怨，不录旧罪，是冉雍之行也。"[⑤]

　　端木赐，字子贡，卫国人。天资聪颖，善为说辞，自负不凡。大约在孔子周游至卫国时，子贡拜孔子为师。后仕于卫，经商于曹、鲁之间，家累千金。孔子逝世后，众弟子为之服丧三年，唯子贡筑庐于冢上，凡六年，然后归。

　　仲由，字子路，又称季路，鲁国人。生性豪爽，敢言直谏。孔子每问，则必先答；以为孔子有错，就直言进谏。孔子称其善政事，有治国的才能，千辆兵车的诸侯国可以让他掌理朝政。早于孔子一年去世，为此孔子十分伤心，有"天断绝我"之叹。正是由于子路的这种"善政事"的才能，后世曾把"颜渊问仁，子路问政"作为文庙配享的模式。据郦道元《水经注》记载，魏黄初二年（221），文帝令郡国修葺孔子旧庙，庙中有：

---

① 《孔子家语·七十二弟子解》。
② 《论语·先进》。
③ 杨伯峻先生认为是部门或地方长官。参见杨伯峻：《论语译注》，中华书局1980年版。
④ 《论语·雍也》。
⑤ [清] 王聘珍：《大戴礼记解诂》，中华书局2008年版，第108页。

"夫子像，列二弟子执卷立侍，穆穆有询仰之容。"其中虽未指明此二弟子即为颜渊、子路，但其他史料的记载可以为此证明。《洛阳伽蓝记》记载北魏时期洛阳城内有国子学，其中设有孔丘像，并有"颜渊问仁、子路问政在侧"的记载[1]。以此逆推，黄初二年孔子旧庙中的二弟子，或许就应为颜渊和子路。

卜商，字子夏，卫国人。在孔子诸弟子中，以文学著称，特别是对《诗》有深入研究，通其义理，著有《诗序》。子夏因传《诗》有功，于贞观二十一年从祀文庙，成为除颜回外，唯一位列"贞观二十二贤"的孔门弟子。据《史记·仲尼弟子列传》记载："子夏居西河教授，为魏文侯师。"被称为西河之地的"孔子"。

有若，字子有，鲁国人。孔子去世后，弟子思慕先师，因有若貌似孔子，子夏、子张之徒欲奉以为师，但为曾参所阻止。

冉耕，字伯牛，鲁国人。出身贫寒，与冉雍同宗。孔子为鲁司寇，行摄相事，曾使冉耕为中都宰。孔子周游列国，他始终跟随。孔子返鲁后不久，因染"恶疾"而亡。冉耕病危之时，孔子前去探望，自牖执其手，曰："命矣夫！斯人也而有斯疾也。"[2]

宰予，字子我，鲁国人。他能言善辩，多次出使齐、楚等国。在与楚昭王的对话中，形象地阐述了"道行则乐其治，不行则乐其身"的观点，孔子赞为："言贵实，使人信之，舍实何称乎？"[3]他还曾仕于齐，任临淄大夫。

冉求，字子有，鲁国人。有才艺，以政事著名。孔子认为他在居民千户、兵车百乘的地方，可胜任总管的职务。他曾担任季氏家臣，在鲁国战胜齐师的战斗中，任左师统帅，亲自策划、指挥，操戈冲入齐军，获甲首

---

① [北魏] 杨衒之撰，范祥雍校注：《洛阳伽蓝记校注》，上海古籍出版社1978年版，第1页。
②《论语·雍也》。
③《孔丛子·记义》。

八十，在右师溃败的情况下，打败了齐国军队，致使齐师宵遁。利用这次胜利，他说服季康子迎回了在外流亡多年的孔子。可见，冉求是一个智勇双全的人。孔子晚年归隐鲁国，过着安闲的生活，大多是因得到其照顾所致。

言偃，字子游，吴国人。在江南被称做"南方夫子"。任鲁国武城邑宰，弦歌不辍，亦以礼乐教化民众，因而大治。他主张在重视礼乐教化的基础上，先达到"小康"，再到"大同"社会。其后学在战国时期形成了一个较大的学派，对后世影响巨大。

颛孙师，字子张，陈国人。为人勇武，性情偏激。他重视自己的德行修养，主张"士见危致命，见得思义，祭思敬，丧思哀"[1]。在孔门弟子中，子张以忠信著称。东汉石刻孔子见老子图中，鲜有孔门弟子注名，但子张却是"榜上题名"。

朱熹，字子晦，徽州婺源人。十二哲中唯朱熹非孔门弟子，但依然能够进入大成殿配祀孔子，足见其重要程度。朱熹承北宋周敦颐、二程之说，认为圣贤道统之传，散在方册，经传之旨不明，而道统之传始晦，于是竭其精力，以研究圣贤之经训，被认为是理学集大成者。其所撰《四书章句集注》成为元、明、清三代科举考试的官定文本，对中国的思想文化产生深远影响。朱熹最初从祀文庙是在南宋理宗淳祐元年（1241），明朝崇祯十五年（1642）升为"先贤"，最终在清康熙年间晋升"十二哲"之列。

三、先贤、先儒

先贤、先儒属于文庙从祀的第三、第四等级，与四配、十二哲不同的是，他们不设塑像，只有书写先贤某子、先儒某子的木主神位摆放在东西两

---

① 《论语·子张》。

庑内。当然也有例外，有的文庙也有塑像，如济南府学文庙。先贤的地位要略高于先儒。

先贤主要由孔门弟子组成。孔门弟子从祀文庙始于东汉明帝永平年间。唐开元二十七年（739），朝廷诏令"十哲"之外的孔子弟子从祀文庙。从祀先贤的数目文献记载有所不同，《唐会要》《新唐书》作67人，《通典》作73人。经过历代的更换和增加，到清咸丰七年（1857）总人数达到79人。值得注意的是，先贤主要是战国以前人物，唯有周敦颐、张载、程颐、程颢、邵雍五位是宋代理学家。这种情况的出现，无疑与理学地位的提高密切相关。周、张、二程于南宋理宗淳祐元年（1241）荣登孔庭，而邵雍则在度宗咸淳三年（1267）从祀圣庙。最初，这五人只能以"先儒"称之。随着理学在明代达到全盛，这五人于明崇祯十五年（1642）一同升格为先贤，位列汉唐诸儒之上。此外，今日文庙所见从祀诸先贤中，还包括与孔子同时代的公孙侨、蘧瑗等人。

先儒主要包括在历史上对儒学发展产生重大影响的学者。唐贞观二十一年（647），太宗命以左丘明、公羊高、何休等22人从祀文庙，从而奠定了先儒从祀的基础。1919年，北洋政府增加颜元、李塨入祀，从祀先儒扩大到77人。由于历代不断增加、更替先儒人选，相对其他几个等级而言，先儒的变化比较大。王安石之子王雱是先儒中最先被罢祀的，南宋孝宗淳熙四年（1177）被逐出文庙。荀子作为先儒也曾短暂从祀文庙，但明嘉靖九年以"言性恶"而遭罢祀。

第三节 文庙从祀的教化作用

长期以来，人们对文庙释奠存在着误解，认为文庙作为祭祀孔子的专用庙宇，其中仅仅供奉着孔子一人。其实不然，文庙中除以孔子作为主祭对象外，经过朝廷批准的历代儒家圣贤也能以配享从祀的身份进入文庙，接受后人的祭拜。从这一层面上来讲，文庙释奠所表达的正是对中华文明的高度敬意。

尊其人乃重其道。就像《礼记·学记》所说："安其学而亲其师，乐其友而信其道。"孔子有大功于中国文化，文庙之设，即是为了尊崇孔子之道。宋末元初的学者熊禾说："尊道有祠，为道统设也。"这里的所谓"祠"，当然指的就是文庙。明洪武二年，明太祖诏文庙春秋释奠止行于曲阜，天下不必通祀。于是，有儒者钱唐上疏说："孔子垂教万世，天下共尊其教，故天下得通祀孔子，报本之礼不可废。"侍郎程徐亦上疏说："古今祀典，独社稷三皇与孔子通祀天下。……今使天下之人读其书，由其教，行其道，而不得举其祀，非所以维人心、扶世教也。"[1]

孔子有功于中国文化，文庙的设立，就是为了彰显国家对孔子之道的尊崇。然而，文庙中不仅祭祀孔子，还通过从祀制度把孔子弟子及后世儒家圣贤引入其中。对此，明儒王世贞有着非常精辟的论述："太庙之有从祀者，谓能佐其主，衍斯世之治统也，以报功也。文庙之有从祀者，谓能佐其师，衍斯世之道统也。"[2]文庙祭祀孔子，乃为尊祀其教、尊祀其道。文庙以后儒配享、从祀，乃为衍续儒学道统。先儒之言，可谓中的！

不同的朝代有着不同的学术风气，因而儒家道统的衍续又呈现出时代的特色。唐贞观年间，颜回、子夏以外的众多孔门弟子被挡在文庙大门之外，而左丘明、公羊高、何休、马融等20人却得以从祀文庙。细察其由不难发现，这些入祀者大都"偏善一经"，对儒家经典的保存与传承做出了重要贡献，如子夏就传《诗》有功。这些"传经之儒"享受到

---

[1]《明史》卷139《钱唐传》，中华书局1974年版，第3981—3982页。
[2] [明] 王世贞：《弇州山人四部稿》卷115《山西第三问》，《四库全书》本。

从祀孔子的荣耀，反映出时人对汉代经学的尊崇。

北宋神宗元丰七年（1084），孟子、荀况、扬雄、韩愈从祀文庙，出现了"传道之儒"。元丰从祀所反映的时代学风，我们可以在曾巩与友人的书信中找到答案，曾巩曰："仲尼既没，析辨诡词，骊驾塞路，观圣人之道者，宜莫如于孟、荀、扬、韩四君子之书也。"[1]也就是说，孟、荀、扬、韩四人接续了儒家道统，有传道之功。

此后，孟子和子思子先后升为配享，四配最终形成，这无疑是理学占据主导地位的直接体现。

清代从祀制度中还出现了一个崭新的范畴——"行道之儒"。雍正二年（1724），始以诸葛亮、韩琦从祀。清代已处于中国古代社会的末期，各种矛盾交织，特别是清代下半叶，内忧外患，国势危急。人们越发看重儒者的治世之业，企望出现治世名臣来力挽狂澜。这一心态在文庙从祀制度中得到表现，李纲、方孝孺、顾炎武等忠臣义士获登孔庭即是明证。

总而言之，历代文庙从祀制是一部鲜活的官修儒学史，儒学本身学术和信仰的变化均可以在其中找到依据。从"传经之儒"到"明道之儒"，再到"行道之儒"，反映了文庙从祀的"与时携行"，但他们的进退去取，均需受到官方的认可与节制，因而文庙从祀制度也成为传统社会中政治与文化两股力量最耀眼的交点。

历代统治者热心于文庙祭祀，很大程度上是为了以此来取得政权的合法性。"孔庙从祀，非寻常事"，从祀诸儒的选择和晋升势必会受到皇权的格外关注。能否从祀文庙，不是大臣们简单的"少数服从多数"使然，其最终决定权还在皇帝手中。对此，干春松先生指出："历代的儒生从祀孔庙都经过一定的过程。虽然从理论上说选择杰出的儒生配祀

---

[1] [宋] 曾巩：《曾巩集》，中华书局 1984 年版，第 231 页。

儒宗是对于弘扬师说的儒生的肯定，但是由于孔庙祭祀属于少数国家祭典，因此谁应该进入孔庙享受至高的荣誉，并不是由儒生自己决定，而是需得到朝廷认可，因此朝廷可以借此来引导儒生的言论，间接地制约儒家思想的发展方向。"[1]这一论述一语中的，点透了文庙从祀与政治的关系。

然而，皇权固然强大，文化本身是否甘做其附庸呢？事实上，一些学术流派经常能忍受皇权的打压，在夹缝中求得发展，最终成为正统，这样的事例在文庙从祀史上屡见不鲜。以伊洛之学为例，它最初受到官学的打压，被指控为伪学，而且其代表人物朱熹等还受到政治上的迫害。不过，在沉寂了相当长的时间后终获朝廷认可，成为儒学正统思想。由此不难看出，学术的发展仍有其独立性，不能一概而论。

---

[1]干春松：《儒家制度化的形成和基本结构——对于儒家的一种新的解释方式》，《哲学研究》2001年第1期，第71页。

第五章

文庙释奠的
思想文化内涵

清初大儒顾亭林在《日知录》中说："古人每事必祭其始之人，耕之祭先农也，桑之祭先蚕也，学之祭先师也，一也。"指出了文庙祭祀所体现的文化根据。但其说也仅仅道出了部分内涵。绵延两千余年的文庙祭祀制度，作为中国文化史上非常独特的一种文化现象，其中所蕴藏的思想文化信息，除了顾氏所言之外，还有更多意蕴值得挖掘。这对于我们深入理解中国政治、宗教、信仰与文化史都具有重要的价值。

第一节 文庙释奠的文化意蕴

尽管今天我们已经无法确切了解阙里文庙的创建时间，但孔子去世后，孔子弟子以及鲁地人民对其纪念一直延续不绝，其中所体现的文化意义非比寻常。孔子弟子对于孔子的纪念和祭祀，前无成例可寻，后有影响至深。

儒家重视祭祀，这只要翻开《仪礼》和《礼记》，就可以明白，那长篇累牍的关于丧、葬、祭的礼仪和礼义的论述，说明儒家对于祭祀所持的观点。孔子曾经评价过夏、商、周三代文化的特点："夏道尊命，事鬼敬神而远之；殷人尊神，率民以事神；周人尊礼尚施，事鬼敬神而远之。"[1]从商代到周代，中国的原始宗教观念发生了深刻的变革。殷人的尊神之风在周代有所稍歇。但是周代礼乐文明的一个突出特点就是重祭祀。只不过，在儒家看来，周代礼乐文明秩序下的祭祀活动充满了理性的味道。儒家重视祭祀，更多地是着眼于血缘宗法社会的社会需要。

---

[1]《礼记·表记》。

祭祀祖先，乃出于对亲情的维护与延续，而源自于血缘的亲情乃是维系宗法社会和谐秩序的一个重要纽带。对于祭祀的对象或性质，大体可以分为血缘性祭祀与非血缘性祭祀两种。血缘性祭祀更多地乃出于亲情，而非血缘性祭祀则更多地具有社会的文化的意义。如果我们根据这两种祭祀性质的划分，探讨孔子弟子于孔子祭祀的意义，便会发现其特殊性所在。

《论语·为政》记载子夏问"孝"，孔子说："色难。有事，弟子服其劳，有酒食，先生馔，曾是以为孝乎？"这里，尽管孔子以为"有事，弟子服其劳""有酒食，先生馔"尚未真正达到"孝"，但将"弟子""先生"纳入到"孝"的领域进行讨论，便暗示了当时"先生""弟子"之间的"拟血缘"关系①。如果说，本句所谓"先生""弟子"还有不同的理解，难以论证孔门师生之间的这种超越血缘的"拟血缘"关系的存在的话，那么典籍所记载的几则事例，则完全可以彰显这一点。

如上文曾提到的，孔子弟子颜回去世，孔子表现了超乎寻常的悲痛。弟子子路去世，孔子也有类似的表现。《论语·先进》记孔子说："回也视予犹父也。"这自是实情。这种感情从孔子去世后更突出地表现出来。据史料记载，孔子去世后，"门人疑所以服夫子者"。因为过去的丧服礼，并无为"师"服丧这一项，这属于前无成例可循的。这时子贡说："昔夫子之丧颜回也，若丧其子而无服，丧子路亦然。今请丧夫子如丧父而无服。"随后将夫子"葬于鲁城北泗水上"，殡葬"兼用三王礼，所以尊师，且备古也"。此处"丧夫子如丧父而无服"之"如"，便真切反映了当时孔子弟子对于孔子的深厚感情，已比拟之于父亲了②。

虽然此处所涉及的还仅仅处于"丧""葬"阶段而未及"祭"的阶段，

---

①对于本句中"先生"和"弟子"的传统理解是，先生指父母或年长者，弟子则指弟与子。黄怀信先生则以为当理解为老师与学生。对此，宋立林先生也有相类似的看法。参见黄怀信：《论语新校释》，三秦出版社2006年版，第29页；宋立林：《帛书〈缪和〉〈昭力〉中子为孔子考》，《周易研究》2005年第6期，第17—21页。
②《孔子家语·终记解》。

但曲阜阙里孔庙之祭祀，却正是从此而立。我们以为，阙里孔庙之设，乃出于孔子弟子纪念、怀念老师，从而将孔子所居旧宅改造为庙，成为后世孔子庙的雏形，开启了文庙祭祀的历史，上文已有说明，此不赘述。这里需要强调的是，发生在孔门师生之间的这种"祭祀"活动，乃是模仿祭祖活动而来，但又超越了一般的亲情，开创了祭祀史上的一大变革，为其增加了一项新的内容：祭祀老师。这种祭祀老师的模式，因为儒家的推扬而延续下来成为传统。

汉代之前，鲁国人对于阙里孔庙的持续祭祀，便是由孔门师生之间的"拟血缘性"到"非血缘性"的过渡。随着后世文庙被逐渐纳入官方祀典，其"拟血缘性"转移到了民间的"生"祭"师"中去，而"祭孔"则成为"非血缘性"祭祀活动的一种，即所谓对于"前哲令德之人"的祭祀之典，其中的亲情、血缘性完全消解，而文化意义、政治意义凸显。

黄进兴先生对于文庙祭祀有着如下的精到见解："历代孔庙从祀制无疑均是一部钦定官修儒学史，十足体现历史上儒学的正统观。"[1]虽然此处仅以从祀制立论，但以之纵观整个文庙释奠礼仪的嬗变，无疑也是十分贴切的。历朝历代的释奠礼变革都彰显了其时的世风与时势变化。

以孔子的封号为例。历代统治者对孔子的封号基本上是逐步提高的。唐开元二十七年追谥为"文宣王"。宋真宗则加谥为"至圣文宣王"。元代武宗时期，对于孔子的封号成为"大成至圣文宣王"。如《至大四年祭告玄圣庙碑》所云："褒崇侈典，享祀缛仪，自汉唐以下，未有若皇元之盛也。"[2]鲁迅先生说这是"一个阔的可怕的头衔"[3]。然而真的如此吗？如果仅从孔子封号的历史演变中，我们似乎可以得出这样的结论。但若横向比较，便可窥见其中奥妙。王葆玹先生说："李唐奉老子

---

①黄进兴：《圣贤与圣徒》，北京大学出版社2005年版，第115页。
②骆承烈：《石头上的儒家文献——曲阜碑文录》，齐鲁书社2001年版，第257页。
③鲁迅：《在现代中国的孔夫子》，《且介亭杂文二集》，人民文学出版社1973年版，第80页。

为祖先，兼行三教而以道教为第一，尊崇孔老而以老子居首，如唐玄宗等追号老子为帝而仅封孔子为王，加号老子为'大圣'，而孔子只称为'圣'。"①宋代亦是如此。宋真宗虽然封孔子为"至圣文宣王"，但老子却是"太上老君混元上德皇帝"。赵文坦先生曾撰文指出，元武宗之尊孔，乃出于儒臣阎复之推动，而皇帝本人则是儒学修养最差的。而且当时政治的一大特点即是封爵过滥，此"大成至圣文宣王"的尊号便无太多的实质意义了。尤其是蒙古贵族宠信喇嘛教，因此将之与同时的佛教、道教相比，更可见此尊号之轻②。

明代立国之初，朱元璋曾罢祀孟子。其原因就是孟子曾说"君之视臣如土芥，则臣视君如寇仇"的话，被视为"大逆不道"，非臣子所应言。这恰是明代专制统治加强的一个显著信号。而嘉靖九年的改革文庙祭祀，其中一个原因便是因其乃藩王入嗣大统，因追崇生父而与当时的士大夫集团矛盾升级，其借改革文庙祀典之名，希望实现的目的却是借机打压士大夫集团的势力。

而文庙从祀制的确立与变化，更直接地体现着儒学内部正统观的相互争夺。唐代贞观年间以左丘明等22人配享孔庙，其中多数为汉唐注疏专家。这表明当时所推崇的便是所谓"传经之儒"。这与当时颁布《五经正义》、崇尚汉唐经学的风气有着天然的联系。到了宋代，随着道学的兴起，孟子、子思子地位升格，颜、曾、思、孟四配开始定型，这无疑是道学道统观的直接实现，说明当时道学大盛，成为了时代风气，影响到了国家对于文庙祀典的安排。以至到了明代末叶，崇祯十五年将周敦颐、二程、张载、邵雍、朱熹等6人尊为"先贤"，凌驾于汉唐诸儒之上，使"明道之儒"地位上升。清代雍正二年及其后的增祀，出现了

---

①王葆玹：《正始玄学》，齐鲁书社1987年版，第9页。
②赵文坦：《孔子尊号"大成至圣文宣王"的背后》，《文史知识》2008年第2期，第147页。

另一种儒者形象——"经世之儒"，其中的重要人物以诸葛亮、王夫之、黄宗羲、顾炎武等为代表。

当然，不管是"传经之儒""明道之儒"，还是"经世之儒"的进退升降，除了最终由帝王决定之外，还要得到多数儒者的认可。正如清儒胡承诺所云："从祀之贤，七十子无得而议焉，其余则历代所损益也。是以进而俎豆，退而黜夺，莫不经众贤所论，以求众心所同，而后跻于先圣、先师之侧。"而进退的标准在于是否"有益于天下后世者"，凡"尊王道、传经义、师法后人，为书佐人主，黜邪说以卫道"者，"皆有益于天下后世者也，天下后世所欲得而师之也"。因此，这些儒家要"进而祀之"，目的"非有私于其人"，而以"其道无日不在人心"。可见，在儒者看来，对于孔子学说和正道经典有所发明，有所维护，可以教化人心，所谓"扶纲常，淑人心"者，就应当被升入文庙从祀[1]。

第二节 文庙释奠的政治意蕴

历代统治者之所以对于文庙祭祀如此热心，在很大程度上源于其赢取政权合法性的意图。文庙祭祀作为国家祀典，为统治者所控制，黄进兴称之为"统治阶层的专利"，乃是"帝国运行不可分割的一环"[2]，非一般百姓所能觊觎。清世宗雍正曾晓谕礼部大臣："孔子之教在明伦纪、辨名分、正人心、端风俗，亦知伦纪既明、名分既辨、人心既正、风俗既端，而受其益者之尤在君上也。"[3]

刘邦作为第一个过鲁祭祀孔子的帝王，便是一个非常好的例证。众所周知，刘邦在夺取天下之前，曾经十分鄙视儒者。然而由于陆贾、叔

---

[1]黄汝成：《日知录集释》，岳麓书社 1994 年版，第 533-534 页。
[2]黄进兴：《圣贤与圣徒》，北京大学出版社 2005 年版，第 183 页。
[3]《世宗宪皇帝实录》卷 59《雍正五年七月》，第 906 页。

孙通之辈儒者的劝导，终于意识到"马上得天下，不能于马上治之"的道理。吸取秦朝覆亡的教训，刘邦懂得了笼络士人的重要意义。而孔子作为儒家学派的创始人，是天下儒生的宗师，因此，刘邦的祀孔，其象征意义在于告知天下消除暴政、重视文治的决心。而随着汉武之世"独尊儒术"的实行，儒学一跃成为官方的意识形态，经学成为了官学。孔子在士人中的影响力，足以使帝王意识到，文庙释奠所具有的重大意义。

汉代以降，儒家之学、孔子之教在社会生活中的影响日益普及，孔子所倡导之伦理规范，成为治化之本，以至有国者不容忽视。汉桓帝时所立《永兴元年乙瑛置守庙百石卒史碑》即谓："孔子大圣，则象乾坤，为汉制作。"①稍后的《鲁相韩敕造孔庙礼器碑》亦称："孔子近圣，为汉定道。"②而《史晨碑》同样说："主为汉制，道审可行。"③从中我们不难体味文庙祭祀对于汉朝统治者的价值。他们所看重的正是孔子对于其统治的合法性的维护。南北朝时期，对峙政权竞相立庙祀孔，其立意也正在于博取政治合法性。南朝宋孝武帝便直言："国难濒深，忠勇奋厉，实凭圣义，大教所敦。永惟兼怀，无忘待旦。可开建庙制……厚给祭秩。"④而之后的辟雍、太学祀孔，也分明昭示了帝王对孔子之教宣化作用的认可。"孔庙遂兼有正统文化宣导者，与国家教育执行者的双重功能"⑤。

明成化四年所立《成化四年御制重修孔子庙碑》，则更是系统论述了文庙祭祀对于维护政治合法性与稳固社稷所起到的作用：

> 朕惟孔子之道，天下一日不可无焉，何也？有孔子之道，则纲常正而伦理明，万物各得其所矣。不然，则异端横起，邪说

①房伟辑录：《永兴元年乙瑛置守庙百石卒史碑》，杨朝明主编：《曲阜儒家碑刻文献辑录》第一辑，齐鲁书社2015年版，第12—26页。
②《鲁相韩敕造孔庙礼器碑》，见［宋］洪适：《隶释·隶续》，中华书局1985年版，第19页。
③刘续兵辑录：《建宁二年史晨前后碑》，杨朝明主编：《曲阜儒家碑刻文献辑录》第一辑，齐鲁书社2015年版，第27—46页。
④《宋书》卷6《孝武本纪》，中华书局1974年版，第116页。
⑤黄进兴：《圣贤与圣徒》，北京大学出版社2005年版，第35页。

纷作，纲常何自而正，伦理何自而明，天下万物又岂能各得其所哉？是以生民之休戚系焉，国家之治乱关焉，有天下者，诚不可一日无孔子之道也。

盖孔子之道，即尧、舜、禹、汤、文、武之道，载于六经者是已，孔子则从而明之，以诏后世耳。故曰：天将以夫子为木铎。使天不生孔子，则尧、舜、禹、汤、文、武之道，后世何从而知之？将必昏昏冥冥，无异于梦中，所谓万古如长夜也。由此观之，则天生孔子，实所以为天地立心，为生民立命，为往圣继绝学，为万世开太平者也。其功用之大，不但同乎天地而已。

噫，盛矣哉！诚生民以来之所未有者。宜乎，弟子形容其圣，不一而足。至于《中庸》一书，而发明之无余蕴矣。自孔子以后，有天下者无虑十余代，其君虽有贤否、智愚之不同，孰不赖孔子之道以为治？其尊崇之礼愈久而愈彰，愈远而愈盛。观于汉魏以来，褒赠加封可见矣。

迨我祖宗，益兴学校，益隆祀典，自京师以达于天下郡邑，无处无之，而在阙里者尤加之意焉。故太祖高皇帝登极之初，即遣官致祭，为文以著其盛而立碑焉。太宗文皇帝重修庙宇而一新之，亦为文以纪其实而立碑焉。

朕嗣位之日，躬诣太学，释奠孔子，复因阙里之庙岁久渐弊，而重修之，至是毕工，有司以闻，甚慰朕怀。

呜呼！孔子之道之在天下，如布帛菽粟，民生日用，不可暂缺，其深仁厚泽，所以流被于天下后世者信无穷也。为生民之主者，将何以报之哉？故新其庙貌而尊崇之。尊崇之者，岂其徒然哉？冀其道之存焉尔。使孔子之道常存而不泯，则纲常无不正，伦理无不明，而万物亦无有不得其所者。行将措斯世于雍熙泰和之域，而无异于唐虞三代之盛也。久安长治之术，端在于斯。用是为文，勒石树于庙庭，以昭我朝崇儒重道之意焉。①

这篇碑文，之所以格外有名，即因其所表达的内容，代表了历代帝王对于祭祀孔子的认识。孔子及儒学带给这个民族的是"民生日用，不可暂缺"的"纲常、伦理"，因此"有天下者，诚不可一日无孔子之道也"，而"将何以报之"？那就是"新其庙而尊崇之"，目的就是"冀其道之存焉尔"。文庙祭祀的日益隆重，正是历代"崇儒重道"的体现，而其内在的目的，则无一不是利用推崇孔子而达到占据统治合法性的目的，所谓"自孔子以后，有天下者无虑十余代，其君虽有贤否、智愚之不同，孰不赖孔子之道以为治"？

日渐隆重的文庙祭祀所反映出来的，是历代政权对于孔子以及儒家的利用或改造，而孔子思想则成为历代统治者用以统治的工具。这便成为近代以来，儒家和孔子最受人们诟病的原因所在。但是，这里有两点需要澄清。

第一，孔子、儒学作为官方意识形态，当然有其维护政治统治的一面，但是，积极用世正是孔子和儒家的基本理念和特征，孔子、儒学从本质上讲乃是政治思想，其理想是实现德治，最终达到王道政治。殷海光先生说："儒门需要一个现实的权力作靠背。而现实的权力也正需要这样一个堂而皇哉的护符，使它在文化里取得合法地位。在这种相互供求的关系上，形成了中国形式的'政教合一'。"②不管殷先生的立场如何，但此言却抓住了二者关系的实质。随着孔子之教在帝国时代的制度化而

---

①孔丽辑录：《成化四年御制重修孔子庙碑》，杨朝明主编：《曲阜儒家碑刻文献辑录》第一辑，齐鲁书社 2015 年版，第 225—232 页。
②殷海光：《中国文化的展望》，中国和平出版社 1988 年版，第 551–552 页。

深入人心，与政治的关联也不能分开了。唐太宗说："朕今所好者，惟在尧舜之道、周孔之教，以为如鸟有翼，如鱼依水，失之必死，不可暂无耳。"[1]而北宋范仲淹则谓："吾夫子之道也，用则行，而天下治；舍则藏，而天下乱。"[2]南宋陆九渊说："势与道合则是治世，势与道离则是乱世。"[3]可见一斑。而其他诸子也多为政治思想，此即司马谈所谓"六家务为治者也"。相对于法家、道家、墨家和佛家而言，得到历代政权认可的政治思想乃是儒家，其原因值得思考。那就是为什么历代统治者选择了孔子思想而不是其他思想作为意识形态？这恐怕更多的是因为孔子思想更符合人类政治的规律与理想。孔子、儒家思想中所包涵的仁政德治的思想、限制君权的思想、重视文教民生的思想，都代表了历史的进步意义，得到了民众和政治家的认同。

第二，在历史上，孔子思想和儒学并非完全作为政治统治者的附庸而存在。我们今天理解孔子在历史上地位的形成，需要改变一个偏颇的观点。如新文化运动以来，人们普遍以为，"孔夫子之在中国，是权势者们捧起来的"[4]。孔子之为政治上的历代统治者所垂青和推崇，自有其道理。唐君毅先生如是说："孔子在民国以前，初亦并非只被视为先秦诸子之一或只一儒家，孔子亦尚不只是一今所谓狭义的哲学家；而是被视为先圣、先师。孔子在中国历史文化的地位之形成，初亦不由于帝王或政治上居高位者的提倡，却是主要赖于孔子之弟子后学，及后来各时代在不同的学术文化领域中兴起的特出人物之尊崇。而这些人物之兴起，则经常是当其个人居贫贱之位，在困厄忧患之中，或整个民族生命，文化生命，遭遇艰难挫折，人心危疑震撼之时。由对孔子之教，有种种不同之体悟，而自动兴起；求对孔子之学与教，上有所承，下有所开；

① [唐]吴兢著，骈骅、骈宇骞译：《贞观政要》卷6《慎所好》，中华书局2009年版，第170页。
② [宋]范仲淹：《景祐重建至圣文宣王庙记》，《全宋文》（第9册），巴蜀书社1990年版，第778页。
③ [宋]陆九渊：《象山语录》卷2，《四库全书》本。
④ 鲁迅：《在现代中国的孔夫子》，《且介亭杂文二集》，人民文学出版社1973年版，第83页。

而后二千五百多年来，中国人对孔子之尊崇，乃历久而常新，相续而不已。孔子与中国之历史文化，亦以万缕千丝，密密绵绵，以相连接，如血肉之不可分，以形成一整个之中华民族之文化生命。至于历代帝王之尊崇孔子之种种政治上的措施，只是顷历代之人心之所向，而不得不然；至多只是形成孔子之崇高地位之后来的助缘。故说孔子之地位，乃由政治上之统治者之尊崇而致，乃倒果为因，一无是处。"①

第三节 文庙释奠的宗教意蕴

文化史学家柳诒徵先生说："盖自汉以来，虽已举国崇奉孔子之教，而立庙奉祀，近于宗教性质者，乃由人心渐演渐深，踵事增华之故。"②孔子所创立的儒学，到底是否宗教，在现代学术史上可以说是一大公案，曾经长期成为人们讨论的热点和焦点，至今仍然如此。我们可以看到，儒学与儒教问题的讨论，已经超出了严格意义上的学术圈，成为一个公众话题。因为这个问题是涉及到中国现代化的一个大问题、涉及到中华民族和中华文化伟大复兴的一个大问题。

尽管意见纷纭，不过，对这个问题的意见和看法，我们还是可以大致作一下概括。儒学到底是否是宗教，看法不外乎三种：一种看法认为儒学不是宗教。以儒学为代表和主干的中国传统文化是一种典型的人文文化，缺乏宗教的热情和土壤，这是中国文化不同于其他几大古代文明的重要特征；一种看法认为，儒学就是宗教，即儒教，它有自己的神灵、组织、仪式、教主、教徒，古代即有儒释道三教之称；另外一种意见，则是调和折中，认为儒学的确不是西方意义上的宗教，它是一种人文主

---

①唐君毅：《孔子在中国历史文化的地位之形成》，孔子2000网站 http://www.confucius2000.com/admin/list.asp?id=3483，2008年1月6日。
②柳诒徵：《中国文化史》上册，东方出版中心1988年版，第245页。

义的教化传统，但其中确实包含着宗教性、在一定意义上起到了宗教的功能。而其实在第二种意见中，我们可以看到，尽管他们都主张儒学是宗教即儒教说，但是他们对儒教的态度却极端对立。以任继愈先生及其高足李申先生为代表的儒教说论者，主要是站在对儒教的批评和批判的立场来立论的；而以香港孔教学院院长汤恩佳先生，以及蒋庆、康晓光先生等为代表的儒教说论者，则主要是站在维护儒教、复兴儒教的立场上来阐论的。而且这种儒教复兴的论调，随着民间人士的呼吁、中国社会科学院儒教中心的建立、广州从化儒教会议的召开等，影响甚大。

李申先生著《中国儒教史》煌煌两大册，对于儒教说进行了系统的论述，后又有《中国儒教论》《儒学与儒教》等论著的问世，较为全面地体现了其学术理路。张荣明先生著《中国的国教》，也阐述了其儒教观。但李申等先生对于儒教说的论述，遭到了学界众多学者的批评，如韩星、鞠曦、陈咏明等先生[1]。邢东田曾归纳了儒教说的十大理由：（1）儒者相信鬼神；（2）"天"是人格神；（3）孔子是人也是神；（4）"君亲师"是神；（5）儒经传达天意；（6）儒学是儒教的灵魂；（7）儒教有自己的组织；（8）儒教的"教化"即宗教的"教化"；（9）儒教是"入世"的宗教；（10）"儒教"名称的合理性。

通过对文庙祭祀的历史考察，我们可以更好地理解儒学是否宗教的问题；反过来，儒学儒教之争中所提出的学术命题，也有助于我们深入理解文庙祭祀的文化意蕴和性质。儒教说的一个重要理由就是祭祀孔子或孔子崇拜问题。他们以为，孔子乃是儒教的神灵。李申将儒教的祭祀神灵系统分为自然神灵系统与人神系统，而以为"人神系统中，最重要的就是对孔子的祭祀"。在孔子祭祀列入国家祀典之后，"孔子正式成

---

[1]关于儒教问题的争鸣，可以参见韩星：《儒教问题——争鸣与反思》，陕西人民出版社2004年版。

为儒教国家祭祀的公神"①。而邢东田也认为：以昊天上帝为首的神灵系统、祖宗神灵系统和以孔子为首的神灵系统，就是儒教的神灵世界。那么，其中的关键问题就是"孔子是人还是神"？

在中国历史上，确实存在着一个孔子神化或说偶像化的现象。只不过，这一现象主要存在于汉代，这与当时谶纬神学的时代风气有关。这一时期，谶纬中的孔子形象更多地体现了一种神化的色彩。如《春秋纬·演孔图》对于孔子诞生的神化："孔母徵在游于大冢之陂，睡，梦黑帝使请己。己往，梦交。语曰：'女乳必于空桑之中。'觉则若感，生丘于空桑之中。"而《论语撰考谶》曰："叔梁纥与徵在祷尼丘山，感黑龙之精，以生仲尼。"因此孔子被尊为"玄圣"。另外一种神化的表现就是对孔子容貌的神化，如谓孔子反宇、海口、斗唇、骈齿、辅喉、鱼脊，孔子长十尺，大九围，坐如蹲龙，立如牵牛等等。更突出的一点就是强调孔子为汉制法，这不仅在纬书中多所体现，如《春秋纬·演孔图》《春秋纬·含汉孳》所谓："丘揽史记，援引古图，推集天变，为汉帝制法，陈叙图录。""玄丘制命，帝卯行也"。所谓"帝卯行也"，即指刘氏王朝的建立②。而且在文庙的碑文中也有诸多记载。如《鲁相韩敕造孔庙礼器碑》云："孔子近圣，为汉定道。""颜育空桑"。《建宁二年史晨前后碑》云："孔子，乾坤所挺，西狩获麟，为汉制作，故《孝经·援神契》曰：'玄丘制命帝卯行。'又《尚书考灵曜》曰：'丘生仓际，触期稽度。为赤制。'故作《春秋》以明文命。"

两汉谶纬的兴起，更多的是从本质上体现了儒家群体从道统本位对抗治统的努力，以及依托孔子以自高的政治情结与谋略手段。如上文所说，儒家由推崇孔子为圣人、"素王"而演变为神化孔子，以兴盛于两

---

① 李申：《中国儒教论》上册，河南人民出版社 2004 年版，第 77 页。
② 以上谶纬资料，皆见于姜义华、张荣华、吴根梁等编：《孔子——周秦汉晋文献集》，复旦大学出版社 1990 年版。

汉时期的谶纬中为多。正如冯友兰所说："孔子在春秋战国之时，一般人视之，本自只为一时之大师。在《公羊春秋》中，孔子之地位，由师而进为王。在谶纬书中，孔子更由王而进为神。"①

首先，汉代统治者对谶纬神化孔子持积极态度。从两汉的政治需要出发，皇家托孔子为两汉王朝的存在与兴起提供天命依据，将汉帝粉饰为符合封建王道理想的圣王，因此在谶纬中充斥着孔子为汉帝制法的授命神话。《史晨前碑》中说："昔在仲尼，汁光之精，大帝所挺，颜母毓灵。"将孔子说成是天上五帝之一黑帝汁光纪所生。宣称孔子是天生的"大圣"，以证明其所说皆为"先验"。"获麟趣作，端门见征。血书着纪，黄玉响应。主为汉制，道审可行"。说的是纬书中习见的"端门受命"之事。《春秋纬·演孔图》中说："得麟之后，天下血书鲁端门，曰'趋作法，孔圣没。周姬亡，彗东出。秦政起，胡破术。书纪散，孔不绝'。子夏明日往视之，血书飞为赤乌，化为帛书，署曰'演孔图'，中有作图制法之状。"又载"孔子论经，有鸟化为书，孔子奉以告天。赤爵集书上，化为黄玉，刻曰：'孔提命，作应法，为赤制。'"《春秋纬·说题辞》："孔子卒，以所受黄玉葬鲁城北。"这一故事完全是汉代儒家编造的，说孔子得到了天命，预知周朝要灭亡，秦朝只在短时间内兴起，于是为未来的汉朝制法，故而汉朝的统治正体现着神圣的孔子之道。这样一来，就把崇孔尚儒和维护汉朝的合法统治直接联系起来。神化孔子，归根结底是为了给汉朝统治寻找到合法的理论支撑。这也是谶纬之说得到统治者支持而兴盛于两汉的根本原因。

其次，从另一方面看，两汉谶纬又是儒生群体制衡政治统治的主动行为。谶纬创作的主体是儒生，是儒学宗教化、神学化的必然产物，真

---

① 冯友兰：《中国哲学史》下册，中华书局 1961 年版，第 572 页。

实反映了治统与道统的复杂关系。治统必须借助道统以实行其政治统治，道统也必须依托治统以实现其政治理想，这是二者或主动或被动而不得不合作的内在动力，也是二者关系始终存在紧张性的根本原因。

汉代帝王接受孔子为汉立法的角色定位，是为了最大限度地发掘儒家道统的利用价值，使孔子神灵为其现实政治统治忠诚效力，故给予儒术以所谓"独尊"地位。而儒家道统为了张扬其在政治上的主导影响，以与治统相抗衡，也就处心积虑地创造孔子高踞于皇权之上的神化话语。二者的视野虽具本质差异，但不妨碍在实现路径上的殊途同归。

汉代谶纬神化孔子，自然是符合了汉朝统治者通过神话取得统治合法性的要求。然而随着谶纬在隋唐时期被取缔而近乎消失，这种神化的孔子形象也渐渐淡化，其存在也仅仅不绝如缕。在历代统治者和士人心中，孔子更多的是一位"圣人"形象。林存光先生曾考察历史上的孔子形象的演变，指出了历史上孔子偶像化的过程："自汉代确立了孔子的政治与文化偶像的地位之后，总的来说，孔子的形象在主流意识形态领域里直至清末都是牢不可破的，并在历朝历代的帝王、儒官、经师、文人学士们的崇拜话语中不断地延续和再生着，他活在一代又一代崇拜者们的心灵与意识深处，始终是一个在古老的中国大地上飘荡而挥之不去的幽灵。"[1]古往今来，赞颂孔子的话语浩荡如烟海，不胜枚举。但在汉代之后，人们对于孔子的认知和形象地位，凸显的恰恰是其圣人的形象。今试举数例：

皇矣尼父，圣哲之杰。德比天地，名齐日月。（《阙里文献考》卷38晋代孙楚《尼父颂》）

---

[1] 林存光：《历史上的孔子形象》，齐鲁书社2004年版，第144页。

宣尼以大圣之德，天纵多能，王道藉以裁成，人伦资其教义。（《全唐文》卷4太宗李世民《封孔德纶为褒圣侯诏》）

厥初生民，自天有造。百世之师，立人之道。有彝有伦，垂世立教。爰集大成，千古永蹈。（《阙里文献考》卷38宋徽宗《宣圣赞》）

天不生仲尼，万古如长夜。（《朱子语类》卷93）

德合元化，道存六经。集群圣之条理，开万世之太平。实吾人所赖以有成者也。（《阙里文献考》卷39明代李东阳《祭尼山夫子庙文》）

古往今来尊之而不虞其过者，孔子一人而已。……孔子之道若大海然，万壑之所朝宗也。（袁枚《小仓山房诗文集·文集》卷21《宋儒论》）①

从魏晋直至清代，帝王将相、文人学者，对于孔子的这一历史定位，凸显的绝非孔子的神化色彩，而是孔子的圣人地位。我们从历史上数不胜数的孔子赞歌中，看到的是后世对孔子文化贡献的歌颂与推崇。如果说对于文庙祭祀乃至对于孔子的推崇属于所谓"孔子崇拜"②的话，那么其中的文化意蕴远远大于宗教内涵。尽管，"圣人"具有崇拜的因素在其中，但儒家所推崇的圣人，是人格的，非神格的。而孔子作为崇拜和信仰的对象，与其说是神，毋宁说是人，一个伟大的人。

如果从传统的宗教学定义来看，也许在中国历史上存在过所谓儒教，如汉代；但是在更多的历史时期中，儒学并没有演化为宗教。文庙释奠，虽然表面看来属于宗教仪式，但仔细考察我们发现，事实并非如此。

通过上文的梳理我们知道，历代统治者和儒家不厌其烦地兴建文庙、祭祀孔子，并非尊孔子为教主，立孔庙为教堂，而是着眼于现实的政治

①此处所列举之资料，皆转引自林存光：《历史上的孔子形象》，齐鲁书社2004年版，第145—149页。
②陈东先生、林存光先生皆有此说。参看陈东：《释奠礼与孔子崇拜》，《国际儒学研究》第十五辑；林存光：《历史上的孔子形象》，齐鲁书社2004年版，第138页。

目的与文化道统的确立。孔子并不像老子被道教奉为太上老君那样化为神，文庙祭祀强调的是孔子的文化贡献尤其是其为人类所制定的纲常伦理、道德教化。著名宗教史家杨庆堃先生即以为："刻有孔子尊号的神位，具有代表社会价值与激起人们敬畏和尊崇万世师表的重要象征意义，而他的灵魂却未被正式神化"，"儒家正统就神学意义而言并不能算作宗教"①。

然而，尽管我们不赞成所谓儒学是宗教的观点，但是我们又不得不承认，儒学在中国历史上起到了宗教的作用和功能。文庙释奠，虽然不能完全等同于宗教活动，却无疑地蕴涵着宗教的意义、发挥了宗教的部分功用。正如杨庆堃先生所言："有充分的理由指出，尽管孔子从未被当作神来崇拜，而只是被作为一个伟大人物来尊崇，但如果我们从这一信仰中去除它所包含的宗教价值，显然是有问题的。"②他在考察了中国社会中的宗教现象之后，得出了这样的结论："儒学一向都是中华文化的决定性因素，为整个中国社会提供了结构性原则和实践价值，上至国家，下达家庭，涵盖了社会的各个层面"，"儒学作为社会教化准则经过千百年来的贯彻实行，已经为广大民众下意识地接受，既是理性教化的实体，也是一种情感态度，就这一意义而言，儒学可以被视为一种信仰。但是儒学不是一种完全神学的宗教，因为它不设偶像，也无超自然的教义作为其教化的象征。然而，这并不意味着作为理论体系或制度性功能架构的儒学缺乏神学的感召力"，"虽然孔圣人极其罕见地未被神灵化，但儒学信仰仍然可以视为涂尔干所谓的带有某种宗教因素的纪念性信仰"，"在儒家学说衍化为备受推崇的制度过程中，其宗教性影响不仅发生在读书人中间，也包括了普通的老百姓"③。杨先生的如上观点，对于我们分析和认识文庙释奠中的宗教性功能有所助益。

①杨庆堃著，范丽珠译：《中国社会中的宗教》，上海人民出版社2007年版，第159页，201页。
②杨庆堃著，范丽珠译：《中国社会中的宗教》，第159页。
③杨庆堃著，范丽珠译：《中国社会中的宗教》，第225页。

文庙释奠作为儒家礼制与祭祀的一大宗，自然体现了儒家对于祭祀的态度和一贯思想。而作为儒家始祖的孔子的祭祀思想，更是儒家祭祀思想的根据所在。孔子、荀子乃至先秦儒家对于祭祀的观念，大体上体现了二元论的思想倾向。一方面，君子阶层抱持理性主义的祭祀观，对于鬼神抱怀疑态度；而另一方面，又主张"神道设教"，通过祭祀仪式，达到巩固社会价值的目的。正如学者所说，孔子的"祭如在"的态度，反映了孔子思想中祭祀的人文意义：一是为祭祀者提供精神的超越，在人的生命中树立起一种神性，或者说是崇高性；二是为人的行为提供一种礼仪规则，使人在这种规则中认可一定社会的秩序。这种仪则是承载人性崇高和人性追求崇高的载体，人性的崇高则赋予这种仪则以意义，所以这两层意义是融而为一的，不能够离弃一方而单纯推举另一方[1]。

而前文已经指出，主持与参与祭祀的主要是统治者与士人阶层，而一般百姓是没有机会参与其事的。尽管孔子之道在民间通过其他形式在传播着，但文庙祭祀更多的参与者却是君子阶层，因此这种祭祀仪式所提供的主要是一种精神的超越。文庙祭祀，包括其中的附祭系统，是彰显对于圣贤人格的推崇，是士人群体感受群体优越性和文化价值的一条重要渠道。尤其是随着时间的推移，文庙祭祀的历史的延伸，这种作用会进一步强化。文庙的从祀制度，则体现了官方对于儒家道统的认可。正如黄进兴先生所言："孔庙从祀制即是儒家道统的制度化。"[2]如果能够进入文庙从祀，将证明其得到了儒学的正统地位。因此不仅很多儒生梦寐以求地死后进入文庙从祀，而且也使得一些大儒的门人弟子和后学积极地推动其宗师进入文庙，为自己及其学派争得一份殊荣，更争得了儒门的正统地位。因此可以说，孔子、儒学在士人来说已是近乎信仰了。

①孙铁骑：《论孔子祭祀思想的现代人文价值——从"祭如在"谈起》，《白城师范学院学报》2008年第4期，第7页。
②黄进兴：《圣贤与圣徒》，北京大学出版社2005年版，第111页。

第六章

文庙释奠礼仪的延续
及其新形态

作为中国传统思想文化先导和主体的儒学，不仅曾在国内形成巨大的向心力，而且在周边国家和地区同样具有强烈的辐射力，早已成为东方文化的标志。文庙释奠礼仪传入周边国家和地区后，在保持原有文化内涵的同时，也与当地风俗及时代特征相结合，产生出具有地方特色的新形态的文庙祭祀礼仪，这对我们提出文庙释奠礼仪的新构想无疑具有借鉴意义。

第一节 港澳台地区的文庙释奠礼仪

从本质上讲，文庙释奠礼是对中国优秀传统文化的尊重与传承。时至今日，文庙释奠礼依然在港澳台地区有着广泛影响。

一、文庙释奠在台湾的延续

台湾府学文庙最早兴建于郑氏治台期间。清王朝平定台湾后，于康熙二十四年（1685）重修台湾府学文庙，后置文庙释奠礼乐乐器①。文庙释奠礼乐的制定与颁发皆属国家行为，文庙释奠礼乐本身就是体现国家治权、推行礼乐教化的重要工具。从台湾府、县行政主官和学官先后修置文庙释奠礼乐乐器的记载，可见台湾地方官员对台岛遵行国家礼乐规定的重视。

"……以上诸器并乐器，康熙五十四年巡道陈璸创置。雍正七年，知府倪象恺修。乾隆六年，巡道刘良璧重修。乾隆十六年，知县鲁鼎梅、府学训导林起述、廪生侯世辉等捐造完备。"②文庙释奠礼乐的施行从

---

① 余文仪修，黄佾纂：《续修台湾府志》卷 8，光绪十四年（1888）刻本。
② 鲁鼎梅修，王必昌纂：《重修台湾县志》卷 7，《中国地方志集成台湾府县志辑》第 3 册，上海书店出版社 1999 年版，第 141 页。

祭品采买、人员组织到礼、乐的教习，无一不仰仗官方从中支持。为了保证本地文庙丁祭大典的乐舞演、训活动，台湾地方官府着手筹办"乐局"。台岛"乐局"较早见诸文献者是台湾府学乐局。清道光十五年（1835），台湾府学乐局为时任巡台兵备道兼提督学政刘鸿翔"深感礼乐器破损，建筑凋零后所创修。由乐局董事吴尚新与刘衣绍等人增补乐器，并往内地聘请乐师"①。

甲午战争后，清政府因战败而割让台湾。随着清政权的退出，台湾的儒学教育和人文组织也宣告瓦解，庙舍也因日军占领而遭到破坏，到日军统治末期，台湾仅残留台南、彰化、宜兰、新竹四座文庙。其后宜兰、新竹两座文庙又分别于1954年和1958年遭到拆迁。19世纪60年代虽陆续在嘉义、台中、高雄、屏东、旗山、桃园等地重建文庙，但因时代教育体制的改变，已不再具有庙学形制，因此台南和彰化文庙可以说是最能见证台湾庙学的历史发展的，同时也是在日军统治时期保留孔子祭祀礼仪最为完备者。1907年，宜兰春祭特地邀请台南乐局董事蔡国琳协助指导。1922年，嘉义派员到台南见习。1931年，台北孔庙新落成时特地从彰化聘请乐师北上教习佾舞，后来才由此得以成为台湾采用清朝礼制祭祀孔子的最具代表者②。

在日本统治的50年中，台湾释奠礼乐的发展大体经历了三次改革。第一次是在1896年至1920年间，原由官方举办的孔子祀典，改由民间祭祀，参加者多为前清府、县儒学的儒生和地方士绅，推举曾领有科考功名最高者担任主祭，祭仪的承祭者均以台湾本地人为主，日官绅仅在三献礼前后行上香礼，仍用前清礼乐，但服饰改为民初礼服长衫马褂，不再穿着清制官祭服。

---

①傅朝卿，廖丽君：《全台首学台南市孔子庙》，台湾建筑与文化资产出版社2000年版，第45页。
②杜美芬：《台湾孔子祀典人文暨仪序空间庙学解构后的衍变》，《台湾东亚文明研究学刊》第三卷第1期，2006年第6期。

第二次变革是在 1920 年至 1936 年间，此时前清科举中人或已老迈或已过世，各地开始有新成员集结各行业商绅及部分日本人，以类似社团的民间组织筹备祀典。这种以民间协会组织开展孔子释奠活动的形式，可以方便各项祀典事宜的筹办。因为一个祭典的执事礼生，视祭典规模的大小，少则 20 余人，多则 60 余人，还要有佾舞生等，民间协会的组织形式可以分工协调办理，另外支出费用能够有会费的支持。1920 年，台湾行政区域改制，各州孔子祭典改由日籍首长州执事担任正献，由次级官绅或社会地位较高的士绅领袖及学校校长担任分献。

祀孔制度第三次变革是在日本统治的最后 10 年，即 1936 年至 1945 年。日政府对台采取"皇民化"政策，强迫台湾人学日语、改换日式姓名及供奉日本神祇。1936 年，台北及台南孔庙祀典改为日语唱礼。1938 年，日政府接管台南文庙，由市尹担任管理者，祭典改为"以东京汤岛圣堂为样式的神式祭典"，音乐也被迫用神社音乐。1940 年春，台北在日政府的主导下，遵照"皇民化"的体制，到台南参观神式祭典仪式。于是年秋，亦改孔子诞辰祀典为"神道仪式"。1941 年，台南孔子祭由"开山神社"杉田社司担任司式工作[1]。1943 年，台北由"稻荷神社"社司主持修祓、降神、献馔、奠币诸仪[2]。各地孔子祭典陆续改为日本神道仪式，由日本神官主持，传统汉式三献礼乐皆不复存。

1945 年，台湾光复，各地典仪陆续回复汉式释奠礼乐并由官方倡办。1968 年，台湾"行政院"公布"大成至圣先师孔子诞辰纪念办法"规定："各地政府应于 9 月 28 日上午举办大成至圣先师孔子诞辰纪念大会，由当地政府最高行政首长主持，其有孔庙者，并应在孔庙举行释奠典礼。"明确规定释奠礼为官方祭典，由各县市政府每年编列预算举祭。1968 年

---

[1]《台南孔子庙祭盛大执行》，《台湾日日新报》1941 年 11 月 19 日。
[2]《隆重的六佾舞——昨天的台北孔子祭典》，（台湾）《兴南新闻》1943 年 9 月 27 日。

至 1970 年，为求礼制更为严谨，由教育文化局邀请专家学者对祭祀礼乐进行研究改进，于台北孔庙率先采取回复明代祭孔音乐"大成乐章"、佾舞谱及释奠礼乐佾服饰。随后，这项改革在全台逐渐推广，成为 20 世纪后半期台湾"明制礼乐"的代表。而在台南孔庙，因有专属的民间乐团"以成书院"，它是台湾最早的乐局——台湾府学乐局的职能继承者，传承的恰恰是历史上中央颁降于台湾府学的礼乐规范，故音乐及佾舞仍旧惯承前清之制，佾舞服饰仍采用清末民初常用礼服长衫马褂，没有改用台北的明制，形成台湾释奠礼"南清北明"的不同格局。

进入新世纪以来，虽然 1968 年台湾"行政院"公布的"大成至圣先师孔子诞辰纪念办法"已于 2003 年被台湾"内政部"废止，但台湾的释奠礼非但没有中断，反而在规格和规模方面呈现持续升温的势头。除了 2005 年"全球联合祭孔"和 2006 年"同根一脉·两岸祭孔"活动是由国民党主席、台北市市长马英九亲自主持外，台湾每年都举行声势浩大的祭祀活动。尤其在 2008 年，马英九当选为台湾地区领导人后，仍亲临"祭孔大典"，身穿长袍向孔子上香，并献上"道贯德明"牌匾，成为台湾地区史上第一位亲临台北市"祭孔大典"的领导人。

台湾的释奠礼制基本上采用的是 1970 年定案，由台湾"内政部"公布实施的祭祀典仪，它包括鸣奏炮、乐舞生就位，各祭官就位，启扉、迎神、进馔，行释奠之礼，跳佾舞，奏雅乐，读疏文，撤馔，送神，望燎，合扉，撤班，礼成，鸣炮等程式。因篇幅所限，现仅对 2007 年以来的祭祀盛况作一描述。

2007 年 9 月 28 日，台湾各地文庙纷纷举行释奠典礼，纪念孔子 2557 周年诞辰。据台湾"中央社"报道，28 日清晨 5 时，台北孔庙举行家祭，孔子第七十九代嫡孙孔垂长、孟子第七十五代嫡孙孟祥协、曾子第七十五代嫡孙曾庆泓都出席祭祀仪式。典礼于 6 时开始，以鼓三严启幕，正（分）献官就位后，依序启扉、瘗毛血、迎神、进馔、上香、行三献礼、正献官饮福受胙、撤馔、送神、焚烧祝文与丝帛、阖扉，完成仪式。台北市长郝龙斌担任正献官，来自日本、韩国及越南等国家的民间代表也前往参加，并穿着传统服饰担任陪祭官。也有民众穿着传统的汉服出席。

与此同时，台南市各界代表晨曦时分就齐聚"全台首学"孔庙大成殿祭孔。宜兰市等地孔庙也举行祭孔典礼，并安排学生进行国乐及六佾舞表演。

祭祀程序上，台湾各地大都依循古礼，但与传统释奠和内地祭祀不同的是，台湾又增添了拔"智慧毛"和吃"智慧糕"的内容。当祭祀仪式结束时，在大成殿行礼如仪的人，不论老少，一拥而上抢拔黄牛头上的"智慧毛"，尤以耳朵、眼睛及眉心最抢手。因为按照寓意，这三个地方的毛有"耳聪目明"之意。

所谓的"智慧糕"，就是祭祀用的牛、羊、猪是用台湾传统米糕做成的。鸣鼓、跪拜等典礼程序结束后，将牛、羊、猪分割成小块米糕，称之曰"智慧糕"。把"智慧糕"赠送给学子与嘉宾，有表示祝福与增加智慧之意。

2008年，原应于9月28日举行的台北"祭孔大典"，因强台风"蔷薇"来袭而延至10月5日。此次"祭孔大典"仍由台北市长郝龙斌担任主献官，台北十几位优秀教师和其他各界代表担任分献官、陪祭官。与往年不同的是，佾舞及雅乐演出由六佾变为八佾，即由六行六列三十六名佾生，增加到八行八列六十四名佾生。在进行完"启扉""瘗毛血""迎神"等仪节之后，"主献官""分献官"分别入大成殿孔子神位前和两侧配殿先贤先儒神位前上香，行"初献礼""亚献礼""终献礼"，即"三献礼"，并宣读祭文。此过程中，乐生分别奏《宁和之曲》《安和之曲》《景和之曲》，佾生伴着乐曲起舞，完成九十六个舞蹈动作。"三献礼"后，身为台湾地区领导人的马英九上前上香，行礼，读祭文。接下来，在乐生演奏的《咸和之曲》声中，依次完成"饮福受胙""撤馔""送神""捧祝帛诣燎所""关扉""撤班"等仪节，"祭孔大典"礼成，历时两个小时。仪式结束后，工作人员将"太牢"（即用淀粉做成的猪、羊等祭品）切成小块，与"智慧糕"等纪念品一起装入"祈福袋"，由郝龙斌分送给观礼的民众，喻分享孔子加持的福慧。

2009 年，在成功举办了台湾首届两岸师生联合"祭孔大典"的基础上，第二届两岸师生联合"祭孔大典"再次在台湾新竹县立体育馆举行，来自孔子故里山东、北京、新竹的师生，教育界代表及各方嘉宾一万余人出席"祭孔大典"，亲民党主席宋楚瑜再次受邀主礼正献。"祭孔大典"通过网络视频与山东、北京及台湾同时同步举行。大典以两岸学生共同呈现《学做人、学做事、学担当天下》的古今师生对话拉开序幕，活动中来自孔子故里山东、北京以及台湾忠信学校共 108 位学生担任礼生、佾生、乐生。亲民党主席宋楚瑜主礼正献后，两岸师生同唱孔子纪念歌。

2010 年 9 月 28 日，在孔子 2561 周年诞辰日，台湾各地的祭祀活动纷纷如期举行。台北孔庙的释奠典礼从清晨 6 点开始，依循古礼，一共有 37 个程序，由孔子第 79 代孙孔垂长担任奉祀官，台北市长郝龙斌担任正献官。孔庙还准备了 2560 个寿桃、智能糕及智能毛笔发送给民众。台湾地区领导人马英九，28 日清晨也再次来到台北孔庙向孔子上香。

综上所述，台湾的祭祀活动，不仅在沿袭明清古制的基础上，较为完备地继承了释奠礼的礼仪体系，而且还增添了拔"智慧毛"、吃"智慧糕"、发放"智能毛笔"等新的礼俗内容，对释奠内涵有了拓展和诠释，赋予了新的时代气息。

二、香港、澳门地区的文庙释奠

香港、澳门的孔教组织和团体都是在 20 世纪初成立的，因在地域上与内地毗邻，在祀孔方面更是承续内地的释奠方式。最具代表性的组织是香港孔教学院和澳门孔教会。

香港孔教学院是大陆孔教运动失败以后，由康有为弟子陈焕章于1930年在香港创办的，以弘扬孔道及兴学育才为宗旨，设立孔教中学（后易名为大成学校），并以宗教形式弘扬儒学，将孔教的圣火保存下来。第二任院长朱汝珍，将孔教学院注册为慈善组织。1992年，汤恩佳当选为孔教学院院长，在宣誓就职典礼上提出要在全国各省、市、自治区重新点燃孔圣之火。从此，以孔教儒学为主轴的宗教文化复兴运动蓬勃展开。

澳门孔教会于1909年成立，初附属于北京孔教总会，后才独立。宗旨以"尊崇孔教，发扬圣德，兴学育才，增进文化"为本。每逢农历八月二十七日的孔子诞辰，澳门孔教会便带领社会各界华人和学校举行纪念与祭典仪式。其举行的仪式采用中国传统释奠程式，包括盥洗礼、迎神礼、奠帛、初献礼、晋祝礼、亚献礼、受胙礼、送神礼、望燎礼等，仪式庄严隆重，在当地人心目中具有崇高威望。

第二节 新中国成立以来的文庙释奠礼仪

中华人民共和国成立以来，中国从半封建半殖民地的泥淖中解脱了出来，从此走上了建设社会主义的发展之路，破除封建迷信，崇尚科学和民主成为国家文化意识形态，革命和建设成为时代的主题。由于国家政治主体和社会、文化背景都发生了深刻的变化，祀孔活动也被列为封建迷信的产物而遭到废止。尤其是在"文化大革命"期间，中国不论在政治、经济还是在文化方面都经历了一场史无前例的浩劫，社会秩序陷入极度混乱之中。作为"封建势力的典型代表"，文庙等一大批珍贵的历史文化遗产自然也在打砸抢中惨遭严重破坏。不仅孔子塑像被拉倒毁坏践踏，保存千年之久的大量碑刻被砸得四分五裂，就连孔子及其后世子孙的许多墓葬都被挖掘、洗劫一空。这可谓是自秦始皇"焚书坑儒"之后孔氏家族遭到的最为惨烈的劫难。与此形成强烈反差的是，在此之间，港台及海外的儒学研究却是不断深入，对孔子的祭奠也日渐隆重——儒学研究的重心偏移到港台和海外。

改革开放以后，百废俱兴，国家的政治、经济秩序逐渐步入正轨，文化体制建设也提到了议事日程。特别是伴随着儒学在港台、东南亚以及全世界范围的持续升温，中国在对以往历史教训进行深刻反思的基础上，弘扬传统文化的呼声日益高涨，对历史文化尤其对儒学的研究渐成燎原之势。上世纪80年代以来，现代新儒学逐渐成为"显学"。上世纪90年代以后，中国经济快速发展，国际地位不断提高，"国学热"成为时代发展潮流，儒学研究的重心又重新回归中国内地。在这样的背景之下，对孔子的释奠活动也逐渐恢复，由最初的民间祭祀慢慢转为政府公祭，成为融纪念先哲、文化交流、旅游观光、学术研讨等于一体的一项重要文化活动，而最能引领此项活动的，当首推在孔子故里举办的"中国（曲阜）国际孔子文化节"。

中国内地自上世纪80年代中期开始尝试祭祀孔子以来，人们对释奠礼仪一直进行着探索、复原、研究、创新的工作。在很长的一段时间里，曲阜阙里孔庙祭祀一般称之为"仿古祭孔乐舞"。1957年，吴晓邦等挖掘整理古代祭祀乐舞并拍摄了"祭孔"电影资料。1986年，为纪念孔子诞辰，配合每年一度的阙里孔庙祭祀活动，曲阜市政府成立专门班子，依据《圣门礼志》《圣门乐志》《阙里志》《阙里文献考》及电影资料，进一步研究、发掘和整理"祭孔乐舞"，以曲阜市剧团为主，分别由专人负责编订祭祀舞蹈、礼仪程序及整编乐曲，将乐、舞、歌、礼融为一体，作为艺术再现，成功编排了"仿古祭孔乐舞"。

中国（曲阜）国际孔子文化节始创于 1989 年 9 月，其前身是创办于 1984 年的国际性"孔子诞辰故里游"专项旅游活动。自 1984 年起，孔子故里曲阜充分利用其地域文化资源优势，于每年的孔子诞辰期间，举办"孔子诞辰故里游"，演出"仿古祭孔乐舞"，有效地促进了对外开放和旅游事业的发展。1989 年，为了更好地纪念孔子对人类文化的杰出贡献，弘扬中华优秀传统文化，增进中外合作和友谊，经中共山东省委、省政府批准，"孔子诞辰故里游"活动改办为每年一届的"中国（曲阜）国际孔子文化节"，于每年的孔子诞辰（公历 9 月 28 日）前后在孔子故乡曲阜举行。"孔子文化节"期间，邀请驻华使节及国内外知名人士参加，开展孔子家乡修学游、寻根朝敬游、孔庙拜师游等专项旅游活动；曲阜各界人士代表、学生代表及孔子后裔、儒学专家、学者、外宾、海外侨胞代表分批举行祭拜孔子活动；举办专场文艺晚会和形式多样的民间艺术表演。其宗旨是：以纪念孔子、弘扬民族优秀文化为主题，纪念活动同文化交流、旅游观光、经济技术合作密切结合，达到纪念先哲、交流文化、发展旅游、促进开放、繁荣经济、增进友谊的目的。

"祭孔大典"是每年"孔子文化节"的核心内容之一。早在 1986 年，在举办"孔子诞辰故里游"期间，便恢复民间"祭孔"活动，由曲阜剧团的演员们表演"仿古祭孔乐舞"。2004 年，济宁市国际孔子文化节组委会支持曲阜市进行大胆尝试，由曲阜市政府主办"祭孔"活动，并由曲阜市长恭读祭文，实现了新中国以来第一次"公祭孔子"的突破，在海内外引起了较大震动。

从 1986 年至 2004 年，曲阜阙里孔庙祭祀模式连续 19 年采用的是清制。自 2005 年起，改为明代祭祀模式，同时，结合现代礼仪对祭祀的其他形式都在不同程度上进行了一系列的改革。因篇幅所限，现仅以 2005

年和 2006 年的祭祀活动为例,对"中国(曲阜)国际孔子文化节"的祭祀盛况、活动内容及其祭祀形式略作概括。

2005 年,在策划"祭孔大典"活动时,从文庙在世界各地分布比较广泛、许多文庙都有举办祭祀活动传统这一现状出发,大胆提出了"全球联合祭孔"的活动策划和请中央电视台进行多点直播报道的设想,得到了中央电视台的支持和世界各地文庙组织的积极响应。2005 年 9 月 28 日上午,祭祀活动在山东曲阜、上海、浙江衢州、云南建水、甘肃武威、吉林长春、香港、台湾、韩国汉城、日本足利、新加坡韭菜芭、美国旧金山、德国科隆等地同步隆重举行。

曲阜阙里孔庙的祭祀活动分为明故城开城、孔庙开庙、现代公祭和传统祭祀四个部分。上午 8 时 18 分,护卫阙里孔庙数百年的"万仞宫墙"大门徐徐洞开,在悠扬的古乐声中,身着祭祀服装的仪仗队伍从"万仞宫墙"的东西两掖门走出,分列神道两侧,从北向南徐徐渐进,佩戴黄色绶带的嘉宾则沿神道由南向北缓缓前行。祭祀队伍沿红地毯,过"金声玉振"牌坊,经棂星门、弘道门、大中门,穿奎文阁入大成门,直至供奉孔子圣像的大成殿前面的杏坛。8 时 46 分,曲阜阙里孔庙"祭孔大典"开始。音乐响起,由 80 人组成的唱诗班在大成殿前齐声吟唱《诗经·商颂·列祖》。8 时 50 分,仪仗队抬花篮从杏坛两边绕行上大成殿,由嘉宾祭祀代表向孔子敬献花篮。9 时 12 分,唱诗班随乐吟唱《诗经·周颂·清庙》。9 时 15 分,由曲阜市市长江成恭读祭文,丝竹之音缭绕殿前。9 时 20 分,来宾肃立,集体向孔子像行三鞠躬礼。随后,精心编排的四个篇章的告祭乐舞依次上演,把"祭孔大典"推向高潮。10 时,在悠扬古远的音乐声中,唱诗班吟诵《论语·学而》章句全篇。10 时 30 分,公祭仪式宣告结束。国家有关部委、山东省、济宁市、曲阜市有关负责人,海外华人华侨代表,孔、孟、颜、曾圣人后裔代表,国内外儒商代表,全国大、中、小学生代表,海内外新闻媒体代表等2556人出席了祭祀仪式。随后,孔氏家族又举行了家祭活动。

与此同时,浙江衢州也在孔氏南宗家庙举行了公祭大典。参祭人员以新上岗的教师为主,旨在弘扬师德教育。上海文庙举行了"华夏儒风"诗词演唱会暨楹联新作展览会。甘肃武威文庙举行了公祭大典和礼乐、六佾乐舞表演。云南红河哈尼族彝族自治州建水县举行了具有少数民族特色的"祭孔大典"。香港孔教学院在香港湾仔伊丽莎白体育馆举行了包括孔子诞辰2556年环球庆祝大典、第二届儒学国际大会、全港中学儒家名言书法大赛等系列活动。台北孔庙"祭孔大典"由马英九主持,孔子77代孙孔德成担任奉祀官,台北市小学生表演了六佾乐舞。已有1600多年释奠历史的韩国首尔成均馆文庙与韩国国内243座乡校共同举行了祭祀活动,按照中国古代礼制,身着汉服举行释奠大祭,礼制严谨完备。新加坡华人社团在韭菜芭城隍庙举行了祭祀活动。德国华人华侨于9月下旬在科隆市郊孔子像前举行了祭祀活动。美国旧金山湾区齐鲁会馆,在旧金山市政府大厅举行了祭祀孔子和颁发齐鲁会馆华裔优秀学生奖学金活动,并为资深、优秀中文教师颁奖。

在这次祭祀活动中,中央电视台与海内外多家电视台合作,在央视联合推出大型直播特别节目——《2005全球联合祭孔》,直播时间约4小时。在节目形式上,以曲阜祭祀为主线,以海内外有代表性的文庙为分祭点,用直播报道的形式从孔子诞生地曲阜开始依次介绍全球文庙的祭祀盛况,在全球范围内引起强烈反响。

继2005年"全球联合祭孔"活动之后,2006年9月28日,孔子文化节组委会又组织举办了"同根一脉·两岸祭孔"活动,活动在山东曲阜阙里孔庙和台湾台北、台南孔庙同时隆重举行。纵观2006年祭孔活动,主要有以下几个特点:

一是主题鲜明，两岸互动性强。9 月 28 日，曲阜阙里孔庙和台湾台北孔庙、台南孔庙同步进行祭祀活动，时序相连、遥相呼应，这是海峡两岸首次携手祭祀中华民族的文化先哲。台北孔庙"祭孔大典"由中国国民党主席、台北市市长马英九担任正献官，济宁市专门派出了"祭孔参访团"赴台湾参加台北、台南的祭祀仪式，向台北孔庙赠送了商周时代青铜祭器复制品和明清彩绘孔子像；中国国民党派出"祭孔文化参访团"专程来曲阜参加曲阜阙里孔庙"祭孔大典"活动。在曲阜"祭孔大典"上，林澄枝女士受马英九委托，代表台北孔庙向曲阜市赠送了台北孔庙珍藏的祭器复制品，来自台湾阿里山的原住居民代表从阿里山、日月潭取来的泥土，与取自孔子出生地曲阜尼山夫子洞和中华文化标志城选址地曲阜九龙山的故土相汇，表达了根在华夏、情系故土、同根同源、血脉相联的真挚情谊。

二是层次高、规模大。曲阜阙里孔庙"祭孔大典"由山东省人大常委会副主任朱正昌主持，全国政协副主席周铁农、海峡两岸关系协会副会长王在希、国家旅游局副局长杜一力、山东省政协副主席周鸿兴以及济宁市、曲阜市负责人出席了"祭孔大典"，并向孔子像敬献花篮。中国国民党中央评议委员会主席团主席、中国国民党原副主席林澄枝，中国国民党副主席章仁香，中国国民党中央常委潘维纲，台湾东吴大学校长刘兆玄等国民党"祭孔文化参访团"一行 12 人参加了曲阜阙里孔庙"祭孔大典"，是中国国民党第一次来内地祭祀孔子。来自台湾的 27 个代表团、400 多人参加了祭祀活动。全国优秀校长、优秀教师代表，优秀儒商代表，海内外孔、孟、颜、曾圣人后裔，海内外华人华侨代表等共计 2557 人出席了"祭孔大典"。

三是活动设计丰满，既有深厚的传统文化底蕴，又有鲜明的时代特色。"祭孔大典"共分为五大部分：一是在孔子出生地尼山夫子洞举行的"取圣土圣水仪式"；二是在万仞宫墙前举行"汇土仪式、赠送祭器仪式和开城仪式"；三是在孔庙圣时门前举行"开庙仪式"；四是在孔庙大成殿前举行"公祭大典"；五是传统"家祭"。其中"公祭大典"包括曲阜市市长恭读祭文、各级代表和贵宾敬献花篮、乐舞告祭、中学生成人仪式、小学生《论语》诵读、海内外百名儒商宣誓六项内容。与以往不同的是，根据古代的成人加冠礼等传统，新增加了中学生成人仪式、小学生《论语》诵读等活动，对青少年进行传统文化教育，让当代中、小学生形象地认识孔子文化。为了倡导企业诚信为本，注重质量，守法经营，举行了百名儒商宣誓活动。

除了上述活动内容外，在此后举办的"孔子文化节"中，还陆续增添了孔子教育奖、孔子文化奖、孔子友谊奖的颁奖仪式，世界儒学大会等相关系列活动也陆续开展。

"中国（曲阜）国际孔子文化节"之所以备受世界瞩目，还在于它注重结合现代礼仪方式，新增祭祀文化符号，丰富传统释奠文化内涵，将公祭与家祭相结合、传统祭祀与现代祭祀相区别，为世界其他地方的孔子祭祀活动提供了许多值得借鉴之处。这些祭祀的文化符号和内涵包括：

绶带

自 2005 "全球联合祭孔"以来，曲阜阙里孔庙"祭孔大典"独出机杼，采用"绶带"作为祭祀统一佩饰。其基本色调为杏黄色，以曲阜本地特有的布料——鲁锦进行全手工制作，外观给人平和、沉静之感，同时也基本契合了布衣孔子的本来面目。2006 祭祀绶带两梢端分别绣有孔子头像和祭祀专用徽标，徽标图案以象征孔子的"凤鸟"为核心符号，以中国青铜文化元素为底蕴，徽标文案则是"公历贰零零陆年 孔历贰伍伍柒年 曲阜孔庙祭孔大典"。2557 位参祭人员祭祀时一律项披专用绶带，全场氛围立时肃穆、凝重起来，人们在这种基调下会油然而生尊崇、敬重之意。

灯笼

从神道路南端一直到阙里孔庙大成殿的中轴线上，各式"古灯"一字排开。神道路的灯笼为红色，座式，意在迎宾，造气势；孔庙院内的灯笼全为杏黄色，印有"至圣庙"字样，一段院落一种式样，总体给人以静穆但不哀伤的感觉，重在从心底产生对先哲的缅怀之情；大成殿东西两庑的灯笼为 72 个，象征孔子的七十二得意弟子在默默地陪祀先师。

公祭与家祭

公祭：是由政府出面组织世界各界人士进行的祭祀活动，表现当代人对孔子、对儒学的理解和认知，尊敬与感怀。在程式、音乐、布局、诵读、表演、道具等方面进行全面创新，使祭祀活动在感觉上更加充盈丰满，增强中华民族对先哲文化的认同感。

家祭：是孔氏家族对孔子及其祖先的祭祀活动，全景再现原汁原味的传统家祭程序和古典祭祀乐舞，让人们从中感受古代文化的魅力和领悟古代祭祀的精髓所在。

公祭与家祭同天举行，是要启示人们：没有传统就没有现代，只有继承了传统文化的精华，才能引领今天的人们更好地走向现代化，建设现代文明。

现代祭祀与传统祭祀

传统祭祀是政治教化，历代统治者希望借助孔子精神以求"同民心而出治道也"，反映历代当权者长治久安的意图。民间祭祀则歌颂孔子功德，弘扬孔子精神，洋溢着对先师无限崇敬的激情。

现代祭祀是当代社会和人民对孔子的现代解读和再认识，更多的具有纪念、缅怀的成分，主要还是关注孔子文化的内核以及通过孔子思想观照人类社会的现在和未来。这是现代公祭与传统祭祀的根本区别所在。

三牲

即宰杀后的整猪、整牛、整羊。祭牛必须是纯色的公牛，猪、羊也必须是雄性的。祭祀用三牲，也就用了皇帝才能享有的最高礼仪——太牢礼。2005年前，祭祀时三牲摆在大成殿外，2005年后三牲移入殿中，朝向孔子牌位方向，符合传统的程序和效果，契合古代社会的仪习。

祭品

孔子像前，所摆放祭品除三牲外还有：酒爵三，太羹一，和羹二，黍一，稷一，韭菹一，芹菹一，脾肵一，盐一，榛一，白饼一，豚胙一，兔醢一，鹿脯一，梁一，稻一，香鼎一，大烛二，小烛四，祝文板一，帛一等。

启圣位祭品视先师位，惟减太牢一、太羹一。四配位视十二哲，惟添豕首一。从祀位与四配同，惟减豕肉一。这基本是延续了古代传统的祭祀方式。

祭祀乐器

孔庙祭祀大典按雅颂之乐的"钦定"规格奏乐，堪称八音俱全。祭祀时的乐器种类繁多，有些已失去记载，如今无人能奏响。祭祀乐器有大钟鼓、编钟、编磬、凤箫、琴瑟、埙、篪等，各有各的规格，也各有各的摆放位置。其中节、麾、祝、敔、龠、翟在乐舞中起着重要作用。

节与麾是祭祀乐舞中的"指挥棒"，节领舞生，麾领乐生。麾由麾生所执，升龙向外，降龙向内，每起一曲即举麾，曲终时，偃麾，降龙现。

祝，一曲始，听举麾唱毕，两手举之，先撞底一声，次击左旁一声，再击右旁一声，共三声。敔，每奏一曲之终，听悬鼓声毕，即两手举，先击其首三声，逆栎齿者三声，共六声，以止堂上堂下之乐。

龠，形似竹笛，长一尺一寸，三窍，朱饰。翟，以木为之，柄长一尺四寸，朱红色，上刻龙首长五寸，饰以金彩，用雉尾三根，插龙口中。

舞生左手执籥，即"左阳"；右手秉翟，是为"右阴"。阳主声（即歌乐），籥在内，使平和顺畅之音乐和歌声保持于内在意境，主意在于修善心；阴主容（指舞蹈），翟在外，通过舞蹈将精英华彩表露出来，主意在于规范人的行为。两者相辅相成，最终立恭敬之实德，成温润之气象。

祭文

孔子为中国教育事业和传播古代文化所作的贡献，可谓"垂教万世"，所以历代祭文（祝文）、唱词无不韶语生辉，其字里行间闪烁着孔子其人的伟大形象，光彩照人。在前文中已经做过介绍，许多朝代的祭文（祝文）都是由皇帝亲自撰写。基于此，"孔子文化节"组委会对祭文的撰写极为重视，邀请的都是知名的专家、学者，以此来对孔子的思想和境界作更大的理解和扩充，延伸到对世界、对整个人类社会的价值和永恒意义的评定。

自2004年至2007年的祭文，是由孔子研究专家杨佐仁教授撰写；2008、2009、2010、2011、2012、2013、2014、2015、2016年则分别由金庸、范增、许嘉璐、杨朝明、董金裕、彭林、张立文、钱逊、颜炳罡诸先生撰写。

音乐

雅乐在古代是国家治定与太平盛世的象征，文庙雅乐则是以颂扬孔子的功德为内容的，基本格调是合中宽舒、一字一音，充分体现简而无傲、刚而无栗的性格与中正平和的风韵。曲阜阙里孔庙新编的公祭音乐，意在达到磅礴大气、震撼人心的艺术效果，从而塑造出孔子庄重而伟大的形象。

舞蹈

古代释奠舞蹈是以体现儒家伦理道德观念与礼乐治道思想为立意的，其文化风貌之渊源在于远古祖先崇拜歌舞的"图腾意蕴"，其性格特征则来自于孔子德备群圣、功觉生民的至高地位，其基调为端庄肃穆、平和善良，旨在体现孔子仁政德治的思想。曲阜阙里孔庙改编的公祭舞蹈，着力展现孔子的人格魅力及其伟大功绩和中华民族的传统美德，意蕴内涵又有了新的延伸。

因其独特的地域优势和丰富的文化内涵，曲阜阙里孔庙祀典早在2005 年就被列入国家首批非物质文化遗产名录，影响力也日益深远。

第三节 国外的文庙释奠礼仪

孔子文化的影响遍及世界各地，浸润了所有华人所在的地方，不仅影响了中国台湾、香港、澳门等地，而且还影响了历史上与中国渊源颇深的日本、韩国、越南等国家，甚至在西方社会中，比如在美国，也出现了祭祀孔子的仪式。文庙释奠礼仪超越了时代和国家的界限，成为整个东方文化的重要标志和世界文化宝库的珍贵遗产。

一、文庙释奠礼仪在韩国的延续

韩国是在中国之外以孔子为代表的儒家文化传入时间最早、流传最广的国家之一。早在公元 1 世纪时，儒学在朝鲜半岛的传播就有据可查。其全国性规模的文庙祭祀始于公元 3 世纪左右，并一直延续至今。在儒学思想价值观的熏陶下，韩国无论是在政治、思想、教育、法律、道德、文化直至风俗习惯和社会风貌等方面，都深深打上了孔子思想的烙印。1392 年，朝鲜李氏王朝建立后，朝鲜的儒学和尊孔达到鼎盛时期，儒学和朝鲜文化逐渐融合，成为朝鲜民族文化的组成部分。

与中国一样，文庙也是韩国儒学传播最重要的物质载体和精神象征。其表现形式亦为"庙学合一"：庙为文庙，祭祀以孔子为代表的儒家先贤；

学为学校，承担教化培育士子之责，而韩国最高等级的庙学即为国子监。高丽朝忠宣王（1308—1313）时，据"掌成均之法，以治建国之学政"[1]，将国子监改称"成均馆"，并沿用至今。

位于首尔古代王宫景福宫东北侧的成均馆，是韩国著名的儒学研究教育中心。成均馆内有一座规模宏大的文庙，庙内建有神圣的大成殿，庙外修建有大成路。馆内两棵参天的古银杏树，成为大成殿的标志。步入文庙大门后便是拜殿，拜殿右前方设有盥洗位和献官位。穿过拜殿便是文庙的主体结构大成殿，正中是孔子圣像，左右两边为四配像。拜殿和大成殿两侧还有东庑和西庑以及其他一些配殿。据记载，韩国全国性规模的释奠典礼始于高句丽小兽林王二年（372），并一直延续至今。在韩国，"释奠大祭"被誉为是儒林追悼孔子及众多儒家圣贤的最大的盛典。现从奉祀人物、祭祀时间、祭祀制度和祭祀仪注等方面对韩国的"释奠大祭"作一介绍。

在奉祀人物方面，韩国文庙奉祀孔子，配享先圣及从祀先贤、先儒多从中国之制，但配享圣贤并非与中国文庙全部相同。成均馆文庙大成殿主祀孔子，以"四配""十哲""宋六贤"配祀，两庑以孔门弟子六十九人、中国汉至元先儒二十五人以及"东国十八贤"从祀。

1949年，韩国儒林大会决定，朝鲜文庙只奉祀孔子，"四配""宋六贤""东国十八贤"从祀，均供奉在大成殿内[2]。

韩国文庙大成殿配祀与中国不同的是"宋六贤"，即宋代理学家周敦颐、程颢、程颐、邵雍、张载、朱熹，他们是在李氏朝鲜肃宗李焞四十年（1714）因儒臣宋时烈之请求由两庑升于大成殿的。在中国，只朱熹一人配祀于大成殿之内，其他五人都是南宋以先儒从祀文庙，明崇

---

① 《周礼·春官宗伯下·大司乐》。
② 孔祥林：《朝鲜的孔子庙：儒家思想深远影响的象征》，《孔子研究》1992年第1期，第113页。

祯十五年（1643）升为先贤，位居孔门弟子之次的。朝鲜文庙把"宋六贤"均升入大成殿内配祀，说明了宋代理学在朝鲜的地位。

东、西两庑从祀与中国不同的是"东国十八贤"。"东国十八贤"是朝鲜的十八位儒学家，韩国儒贤从祀文庙始于高丽朝显宗十一年（1020）。朝鲜统治者在推崇儒学的同时，也致力于儒学的本国化，以朝鲜儒贤从祀文庙，在表彰本国儒学代表人物的同时，更能推动儒学的普及与深入。

在释奠制度方面，成均馆祭祀活动过程与中国相似，简述如下[1]。

从祭祀时间上看，韩国的释奠分别选择在每年的仲春、秋月（阴历二月、八月）上丁日举行，每月的朔日（初一）、望日（十五）举行焚香礼，每三年帝王亲临酌献。

从释奠仪注上看，也基本上与中国相同。清代时，曲阜阙里孔庙仪注为迎神、奠币、行初献礼、行亚献礼、行终献礼、撤馔、行饮福礼、送神、望燎。朝鲜释奠仪注虽然与中国名称不同，但内容并无大的差别。按祭祀活动的重要程度不同，仪注也有繁有简，其中以"释奠视学"最为隆重，仪注也最为完备。除固定的祭祀外，随着时间的推移，名目也屡有增加。现将成均馆几种重要的祭祀活动仪注程序介绍如下：

释奠视学仪注程序包括：斋戒、陈设、传香祝、车驾出宫、省牲、肆仪、奠币、馈享、初献、亚献、终献、饮福、撤笾豆、望瘗、视学。

有司释奠仪注程序包括：斋戒、陈设、传香祝、省牲、奠币、初献、亚献、终献、饮福、撤笾豆、望瘗。

王世子释奠仪注程序包括：斋戒、陈设、出宫、省牲、肆仪、奠币、初献、亚献、终献、饮福、撤笾豆、望瘗。

---

①沈旸：《李氏朝鲜时期都城文庙祭孔考》，《故宫博物院院刊》2008 年第 3 期，第 79—98 页。

除此之外，还有酌献视学、王世子酌献入学、告由祭、朔望祭等。

在祭祀乐曲上，以"安"命名，取《诗经·关雎·序》"治世之音安以乐"之意。其唱笏奏《凝安》，奠币奏《明安》，初献、亚献、终献均奏《成安》，饮福撤馔奏《娱安》，送神奏《凝安》。较之中国历代乐章，与宋代最为接近。宋大观三年（1190），大晟乐府制定的释奠乐章为：迎神奏《凝安》，升降奏《同安》，奠币奏《明安》，酌献、亚献、终献均奏《成安》，送神奏《凝安》。二者曲名基本相同。这说明朝鲜仍在沿用宋代释奠乐名。而中国除元代外，金代用"宁"，明代用"和"（取"大乐与天地同和"之意），清代用"平"（取"削平寇乱以有天下"之意），却已几经变更。

在祭祀舞蹈方面，中国唐代迎神用武舞、送神用文舞，明、清两代只用文舞，而朝鲜文舞、武舞皆用，唱笏、奠币、初献用文舞，亚献、终献用武舞。"国初用八佾，而其后变为六佾，盖所为祭之神宜用八佾，而用六佾者以祀在藩邦也"[1]。舞用六佾，谨遵诸侯之礼。而目前，首尔成均馆文庙祭祀已经改为了八佾。

在祭祀乐器方面，形式模仿中国，八音俱备，不再赘述。

在祭祀供品方面，祭品名称与排列形式，基本与中国相同。略有不同的是孔子位前的羹汤，中国为"一太羹""二和羹"，而朝鲜为"三太羹""三和羹"。

如果说成均馆是韩国释奠大典的主会场的话，在每年祭祀活动中，韩国各地还有许多分会场。就在成均馆举行"释奠大典"的同时，韩国232所乡校也一起告祭。朝野上下，对孔子的尊崇程度之高，奉祀规模之大，参与人数之多，在世界上是罕见的。

---

① [朝鲜]《太学志》卷3，《礼乐·乐器图说》，韩国成均馆1994年版，第1169页。

据专家考证，孔子祭祀礼仪自传到朝鲜半岛后，尽管随着历代王朝的变迁，在音乐和舞蹈以及规模、等级等领域进行了调整，但其礼仪的基本程序却一直沿袭中国周代雅乐的规范。对中国古代传统礼仪文化如此重视，保存如此完备，不仅难能可贵，也实属罕见。

二、文庙释奠礼仪在日本的延续

日本深受儒家文化的影响。在日本，儒家文化几乎深入到社会生活的各个领域，且经久不衰。孔子及儒家思想传入日本，大约在公元3世纪。江户幕府成立以后，又以儒学为"官学"，以此作为巩固幕藩体制的精神支柱。在此之后，日本各地相继建造起许多孔子庙。

日本的孔子庙，有的称"圣堂"，有的称"圣庙"，有的称"学校"，有的直接叫"孔子庙"。学庙一体，既是孔子庙，又是学校，主要目的为大力普及儒学，利用儒学为政治服务。

日本孔子庙最重要的活动就是祭祀典礼，通过祭祀来表达对孔子的尊崇，并以此来增强本民族的精神力量。日本有确切记载的孔子释奠活动始于701年，前一年编纂的《大宝令·学令》规定，在都城设立大学寮和国学，每年按时举行"释奠"，这是日本效仿唐朝释奠制度的重要活动。

日本孔子庙中祭祀的时间，因地而异。例如，汤岛圣堂自德川时代起就举行祭祀典礼，在日本明治维新前，这里一直是日本祭祀孔子的中心。自1907年起，参照中国春祭惯例，定于每年4月为"祭孔节"。

日本孔子庙祭祀的仪式同样各具特色。位于福岛县的会津藩校日新会取名于《大学》中的"苟日新，日日新，又日新"句，此馆的建筑风格模仿中国曲阜的阙里孔庙，中为大成殿，殿前为半圆形的泮池，两旁仿有各种馆舍，里面不供奉圣贤儒像，而是设置尚书殿、毛诗殿、三礼殿等，是教授儒生学习的地方。该馆后毁于戊辰战争。在1868年重建时，该庙大成殿内新设的孔子像，颜、曾、思、孟四配像以及所居神龛、殿内的礼器、乐器等均特仿曲阜阙里孔庙型制，由中国北京、曲阜等地名匠精制而成。新馆在祭祀时的祭文内容也有"德侔天地，道冠古今""删述六经，垂宪万世"等内容。祭祀仪式中的三献礼、佾舞等，也都模仿中国文庙。

佐贺县的多久孔庙始建于 18 世纪初叶的德川时代，距今已有 300 余年的历史，为日本国家级保护文物。多久市一向以拥有孔庙而自豪，就连市政府印制的信封上也带有孔庙标志。多久市孔庙每年 4 月和 10 月举行祭祀礼，分别称之为"春祭"和"秋祭"。1991 年的秋祭，由于新庙的落成典礼显得更加隆重，先后有 7 万余人参加庆典。佐贺县知事和一些高级官员、中国驻福冈总领事和孔子家乡曲阜市的市长、孔子第 77 代嫡孙女孔德懋女士等都应邀参加。多久市市长率领 20 多名政府官员，身穿中国明代服装主持秋祭仪式和新庙落成典礼。在孔庙前面的两米多高的石碑上，所刻的"孔子世系谱"从孔子至孔鲤一直到孔子第 77 代孙孔德成等，非常具体详细。祭祀大典在和谐悠扬的"雅乐"声中举行，人们向大成殿内的孔子像行跪拜大礼，整个仪式历时 40 分钟，孔德懋女士还向多久孔庙赠送了"孔子行教像"。

自 1986 年起，长崎孔子庙恢复了祭祀典礼，即每一年在孔子诞辰纪念时，依照中国古代的礼仪程序举行祭祀盛典。1993 年秋，在孔子诞辰 2544 年之际，正值长崎建立孔子庙 100 周年暨中国历代博物馆开馆 10 周年纪念，为此，长崎举行了有 600 余人参加的祭祀盛典。9 月 28 日，120 余名身穿中国古典服装的青年作为游行队伍的先导，或擎旗，或捧香，或持各种古代兵器，或捧孔子像，一路上燃放鞭炮、敲锣打鼓，引得众多市民围拢观看。下午 4 时，祭祀典礼隆重举行，整个典礼由鼓初严、迎神、进馔、上香、恭读祝文、送神至礼成等 24 项组成，场面庄严肃穆。

除以上所列举的城市外，时至今日，日本各地的孔子庙每年都在举行声势浩大的祭祀活动，而且，活动的规模仍在不断扩大，影响也日渐深远。

三、文庙释奠礼仪在东南亚国家的保存

东南亚单独建立的文庙是很少的，一般都是在华文学校中设立祭祀孔子的殿堂或者牌位，供学校祭祀用。这种文化现象被有的学者称为"庙学文化"。

1. 越南

在东南亚国家中，受中国礼乐文化影响最深的当属越南，因而，越南的文庙祭祀最接近于中国传统的释奠礼仪。越南独立后，李朝神武二年（1070），首先在京师升龙"修文庙，塑孔子、周公及四配像，画七十二贤像，四时享祀"。陈光泰十四年（1397），将文庙推向地方，命各路设立学校。黎顺天元年（1428），又命各县设学，文庙从此遍及越南各地。据统计，越南历史上文庙最多时达到160余座。

越南文庙祭祀在祭祀典仪、祭品、乐舞及奉祀人物等方面都与中国极为相似，深受中国释奠制度的影响。当然，这其中也融入了越南本国的特色。比如，在文庙祭祀雅乐方面，越南基本沿袭了中国明代的宫廷乐制及舞制，但都有创新。近20多年来，越南音乐家和历史学家，积极从事文庙雅乐的传承与恢复。2003年，越南雅乐被列入联合国教科文组织"人类口头及非物质文化遗产"，成为全人类共同的文化财产。再如，越南文庙中还奉祀有本国的儒学家。陈庚戌绍庆元年（1370），首命朱文安从祀；辛亥二年（1371），又赐赠少傅张汉超从祀孔子庙；庚申四年（1380），杜子平卒，赐少保，也将其从祀文庙。但张汉超和杜子平由于品行非议颇多，不久就被罢祀。

时至今日，越南还留存有许多文庙，如在北部的谅山、中部的顺化、

南部的西贡（胡志明市）等。许多关帝庙、海神娘娘庙中也供奉孔子。南部大城市胡志明市有孔子路、孔子大道。由民间集资树立的孔子雕像，居于大道正中。近年来，随着越南改革开放的步伐加快，各地在原有文庙建筑的基础上，为适应旅游业的发展，对文庙进行了大规模的建设。越南南方同奈省边和市重建的文庙占地面积达 2 公顷，全部工程占地面积达 10 公顷。边和文庙其庙门为三重檐歇山式，两层楼，六柱五开间，中为圆拱门；大成殿面阔七间，重檐歇山式，绿色琉璃瓦，在中国建筑风格中又融入了越南建筑式样。

2000 年 10 月，为庆祝河内市建城 990 周年，在河内文庙国子监重新恢复建设了"太学堂"。随着"儒学热"在全球的兴起，越南的孔子祭祀活动也逐渐升温，除了在 2005 年，应"中国（曲阜）国际孔子文化节"的邀请参加了"全球联合祭孔"活动外，越南每年也都依照惯例进行祭祀，并且还多次派代表团前往韩国、台湾等地参加各种类型的祭祀活动。

2. 印度尼西亚

1729 年，印度尼西亚就建立了明成书院。这种书院虽以教书育人为主要目的，但由于受中国传统文化的影响，也具有"庙学合一"的性质。在印度尼西亚的爪哇岛，有三处庙宇与文庙有关。一是泗水文庙，现已经改名为"孔夫子堂"；二是雅加达丹那地区的"观音堂"；三是三宝垄的"大觉寺"。前者是按照中国南方文庙风格所建的孔子庙，现主要供奉孔子及七十二贤人；后两座都在庙堂中专设有孔夫子庙堂，除了祭祀观音、玉皇外，还专祀孔子，并设有"孔子节"。

3. 缅甸

缅甸最早的"庙学"文化建筑始建于 1876 年。在曼德勒云南会馆中，设立了"孔子殿"和教授儒学的华文学校。因此，缅甸的祭祀仪式，一般均设立于华文学堂之中，在传播儒学的同时，又祭祀孔子。

4. 泰国

泰国的"庙学"文化建筑,为数很少,也是在华人学校或华人会馆中设立祭堂,具有文庙建筑的一定功能。

5. 菲律宾

菲律宾马尼拉崇文书院,始建于 1917 年。其宗旨是传播儒家文化。日本占领后,遭到破坏,战后又重建,保持至今。

6. 马来西亚

马来西亚的"庙学"建筑也主要设在华人社区。始建于 1819 年的槟城"五福书院"、始建于 1906 年的吉隆坡"尊孔学堂"等,均是有一定影响力的"庙学合一"的建筑。

7. 新加坡

新加坡的"庙学"文化建筑应首推 1849 年由福建富商陈金声创建的"崇文阁",历经 160 余年,努力宣扬《大学》《中庸》《论语》《孟子》等儒家典籍和孔子思想,其间保持了"庙学合一"的功能,并于 1954 年,改建成今天的"萃英书院"。

综上所述,东南亚地区的文庙祭祀礼仪都传承自中国。所不同的是,东南亚地区各国在祭祀的过程中还增加了很多新内容,使孔子祭祀更具有时代气息。如新加坡"天福宫"为了庆祝孔子诞辰 2558 周年,不仅在祭祀典礼上表演了六佾乐舞,而且独出心裁地举办了为孩子"点智慧"活动。其活动步骤是,让孩子跪在孔子的神像面前,然后由法师将拜祭用的油涂一点在他们额头上,目的是让其接受孔子的祝福,保佑其学习成绩蒸蒸日上。"天福宫"还提供 500 份"福物"让公众作为供奉孔子的祭品,每份"福物"包括了葱、蒜、芹菜、豆干等。这些食品与福建话的"聪"明伶俐、精于"算"计、"勤"奋向学、升"官"上进相谐音。"天福宫"的一角还展出了孔子《论语》语录,让学生参与填字游戏来换取赠品，同时借以认识孔子的学习态度，可谓寓教于乐、别出心裁。

四、文庙释奠在美国

自上个世纪 50 年代以来，美国对儒学的研究不断深入和发展。上世纪 70 年代，儒家文化开始在美国生根发芽，并得到迅速发展。1971 年，美国加州通过议案，将每年的 9 月 28 日定为"教师节"。从 1982 年举办第一届"祭孔大典"以来，美国每年都举行声势浩大的祭祀活动。

1982 年 8 月，正值孔子 2533 年诞辰，美国第一届"祭孔大典"在旧金山举行。"祭孔大典"分为两部分，第一部分是在 8 月 27 日晚上，旧金山各华人社团在皇后酒楼举行盛大的"祭孔公宴"，并欢迎来自台湾的孔子第 77 代嫡孙孔德成前来参加"祭孔大典"。美国教育部副部长比林斯先生向孔德成颁发了"学无止境"奖状，他在即席演讲中认为，在美国举行"祭孔大典"时，美国社会应关注如下三件事：其一，是伟大学者孔子的智慧；其二，中国人的崇尚教育已有悠久的历史；其三，教师是这个社会最有价值的资产之一。

这次"祭孔大典"的第二部分——"祭孔典礼"，于 8 月 28 日上午在旧金山金门公园音乐厅举行。一千多人出席庆典，并观看了美国有史以来的首次"祭孔大典"。一副巨大的孔子像悬挂在祭台中央，横幅上写着"至圣先师"字样，更增添了大厅内的肃穆气氛。供桌上排列着各种鲜果，三只巨碗内盛放着牛、羊、猪，代表三牲。两只火烛台和一个香炉安放在香案上，形状各异的乐器放在前台两边，开阔的舞台中央便是舞蹈队的演舞之处。

上午 10 时正，"祭孔大典"正式开始，在鼓响三通后，乐师、舞生就位，各执事各司其职，正献官、分献官、陪祭者分别到位，乐队开始奏《宁和》之乐，主祭者点烛上香，开始三献的仪式，行初献礼和分献礼时，舞生开始跳六佾舞。奏乐停止后，由执事读祝文，全体来宾起立向孔子像行三鞠躬礼。此时乐声又起，在《安和》乐声中，正献官和分献官行亚献礼。在行终献礼和分献礼时，乐队奏《景和》之乐。三献礼完毕，各界代表前去上香，然后撤班，舞生、乐师离台到台下两侧，在各界代表致辞后，钟鼓齐鸣，整个"祭孔大典"宣告结束。

对于这次"祭孔大典"，美国政府高度重视，当时的美国总统里根亲致"祭孔大典"筹委会贺信。在贺信中，里根总统对孔子的贡献和本次"祭孔大典"的意义予以高度评价："际此庆祝孔子 2533 年诞辰纪念，我们尤应缅怀与推崇这位思想家的贡献"，"孔子所倡导的伟大伦理思想，不仅影响了他的国人，也影响了全人类。孔子学说世世代代相传至今，为世人留下了处事的原则"。美国加利福尼亚州还宣布该年的 8 月 23 日—28 日为"尊孔周"。

1983 年 8 月 26 日，美国第二届"祭孔大典"仍在旧金山举办。由于有了首届"祭孔大典"的经验，故准备工作更加顺利，细节考虑更加周详，表演的仿古乐舞水平更高，获得广泛好评。在这次"祭孔大典"上，来自美国各地的华人社团和世界各地的代表提出了如下两项建议：一是吁请美国国会通过，规定每年的 9 月 28 日为国定教师节，全国放假一天，并在学校教室内悬挂孔子像；二是应在旧金山设立孔子庙，创立孔子大学或孔子学院等文教机构，俾使美国的"祭孔大典"由旧金山而推广到世界各地去①。

1984 年 10 月 27 日，在洛杉矶举行的美国第三届"祭孔大典"，无论其规模和水平，均超过前两届。除了原有的"祭孔典礼"和"祭孔公宴"外，增加了孔子学说论文比赛、学术座谈会、优秀教师评比选拔、出版"祭孔特刊"、孔子铜像奠基典礼、文化之夜联谊活动等，使"祭孔大典"

---

①以上参见《走向世界》杂志 1989 年第 5 期，第 28 页。

在古朴、祥和的学术氛围中进行，整个庆典过程成为弘扬孔子文化的盛会。

其后的每一届"祭孔大典"，情形大致相同。例如 1989 年纪念孔子诞辰 2540 周年的美国第八届"祭孔大典"在旧金山南湾的狮子城举行，中外来宾 200 余人出席庆典，布什总统不仅发来贺电，还派代表专程参加。布什总统在贺电中盛赞孔子哲学思想和伦理规范，认为孔子学说已经成为人类生活的价值基础。儒学中的仁爱、调和、世界大同的思想，都能给 21 世纪的个人道德思想提供有益的借鉴。

美国华人社会弘扬儒学极具热忱，对孔子文化的现代价值进行多方面多层次的开掘，为世界文明发展提供借鉴。坚持孔子学说中以仁为价值取向、保持个体尊严和目标专一的追求，藉此指导人生，是导致美国出现"祭孔大典"的主要原因之一。

第七章

当代文庙释奠礼仪的构想

近年来,以孔子故里曲阜为代表的释奠礼仪越来越细致,越来越规范,形成了文庙释奠的热潮。今天的文庙祭祀活动,不仅包含着我们对孔子的崇敬与怀念,同时也借以表明对传统文化价值观某种意义上的回归与扬弃。

当然,不可否认,当前的文庙释奠礼仪依然存在着诸多不足。这些问题促使我们对孔子祭祀进行系统思考,在梳理历史上文庙释奠礼仪演变的基础上,以孔子对礼制发展的认识为切入点,对当代文庙释奠礼仪予以适当损益和改良,以更好地适应时代和社会的需要,从而能够建构一套完备的文庙释奠礼仪。

第一节 对当前文庙释奠热潮的反思

伴随着传统文化的复兴,文庙释奠受到越来越多的重视,各地争相举办文庙释奠典礼,其中以孔子故里曲阜的"公祭孔子大典"最具代表性。2004年以前的曲阜孔子祭祀,在很大程度上是一种"文化旅游项目",带有一定的"表演"性质。2004年开始,曲阜的阙里孔庙"祭孔仪式"由观赏性的艺术表演,转换成由官方主持的"祭祀大典",这是一种正式的祭祀仪式,被称为"公祭"。当时,主办者安排了许多少年儿童列队分布在新修复的古城墙上,齐声背诵《论语》等经典。在孔庙内,还安排穿着不同朝代服装的士子散落各处象征读书,读经与孔子祭祀有机地融为一体。10多年来,随着"中国(曲阜)国际孔子文化节"每年的按时举办,人们对释奠礼的思考也逐步深入,对孔子祭祀的意义和价值的认识日益深化。

文庙释奠是儒家学术最忠实的风向仪，或者说，文庙释奠礼仪的兴衰变化直接与对孔子、儒学与传统文化的认识相互关联。由于种种原因，近代以来，中国出现了"与传统文化彻底决裂"的思潮，这种思潮以不可阻挡的趋势席卷中国大地，影响中国社会近一个半世纪之久。直到今天，这种思潮的影响依然存在，以至于对孔子、儒学与传统文化的反对乃至诋毁之声还不绝于耳。实际上，不少人对孔子、对传统文化的"反感"，不过是近代以来"反传统的传统"的"余音"而已。人们与孔子儒学已经相对隔膜，在这样的背景下，大家似是而非的惯常认识是：今天的生活和孔子时代有着巨大的差异，文化的传承和延续应该服从新时代、新生活的需要，新的生活、新的时代必须有新的文化与之相应。例如有人认为，旧的文化未尝不可以在新文化中占有一席之地，发挥某些作用，却不能涵括整个新文化，犹如已经长成的少年，已经穿不得儿时的服装。

事实上，任何有理性、有常识的人，都不会完全以古代今。例如在学术界，无论是"反本开新""推陈出新"，还是"综合创新"，都不是秉持"食古不化"的理念。这种理念本就不符合孔子本人的思想。孔子说："愚而好自用，贱而好自专，生乎今之世，反古之道，如此者，灾及其身者也。"①

今天，学术界对孔子、儒学与传统文化的探讨已经深入而细致，对其价值有了比较清醒的认识。要进步就不能割断历史，要创新就不能没有继承，要继续"培育"就必须立足"弘扬"。钱穆先生说，不论任何时代，都不应当对历史文化采取一种"偏激的虚无主义"的态度，既不可妄自菲薄，更不能以为自己"站在已往历史最高之顶点"，不能"将我们当身种种罪恶与弱点，一切诿卸于古人"，应当对自己的历史与文

---

① 《礼记·中庸》。

化抱有一种"温情与敬意"，应当尊重自己的历史文化①。由孔子在文化史上的特殊地位所决定，对待传统历史文化的态度，自然聚汇于对待孔子、儒学的态度。不难理解，对于尊重孔子、儒学，孔子释奠礼仪是一个很好的载体。

但是，在对待孔子儒学与中国传统文化方面，当今社会上依然是乱象丛生，这其实也是人们对孔子祭祀持怀疑乃至批评态度的重要原因所在。当然，这样的原因十分复杂而深刻。例如为什么读经？读怎样的经典？用什么方式读经？对读经的效果应怎样观察和评价？如此等等。就连学术界也有不少人存在模糊乃至错误的认识。有人功利性地夸大读经的神奇功效，形同"表演"般片面追求读经的形式，虽然是心诚意笃，却也超出了养成一种文化素质或研究学问的范畴，越来越偏离了经典文本的本来意义。再如，有人认为现在所读的经典，不少是"几经变化的结果"，如今市面上流行的各种本子和"一大堆乱七八糟不知所云的解释"，于是疑问：这到底是古人的思想精粹，还是今人的浅薄附会？难怪人们疑虑：哪些可以当作今人所读的"经"，又由谁来删定今人所读的"经"呢？

在孔子祭祀方面，人们也存在许多疑问和模糊认识。例如，该不该有祭祀这样的形式？该不该祭祀孔子？"先贤不只孔子"，为什么只祭祀孔子？为什么这样祭祀孔子？这许许多多的疑问，归根结底，都是对于孔子、儒学与中国传统文化认知方面的问题。毫无疑问，这需要研究的深入，需要大量的知识普及工作，更需要深刻反思现今的种种做法，纠正人们的错误认识。政府应该是优秀民族文化的传承者、弘扬者、引领者，在充分把握民族文化发展方向的基础上，政府应该以积极的姿态，

---

①钱穆：《国史大纲》之《卷首语·凡读本书请先具下列诸信念》，商务印书馆1996年版。

主动承担起发掘、整理、研究、应用的职责，积极弘扬民族优秀文化，发挥更大的积极作用！

人们已经认识到，孔子祭祀不仅仅是孔氏族人祭祖的"家事"，更是中国人文化上慎终追远的"国事"。今人祭祀孔子，也应该看作是对中国文化及其创造者们表达敬意的方式，这种敬意今天对不少人来说已属陌生疏离。一个充满自信和创造力的民族，必定抱有宽容的精神，尊重自己的传统，珍视自己的文化，善待一切外来的文明，不狭猛，不偏执，从多元文化中择善而从，创造属于自己时代的文化，以延续民族文化的生命①。

公祭孔子，是一种特殊的祭祀传统，不但行之于中国的香港和台湾，而且在韩国等地也仍在延续②。对于今天中国内地孔子祭祀的现状，学者们指出了许多祭祀典礼不规范、不完善之处。例如，在孔子故乡曲阜，春秋时期，鲁国的礼乐令人叹为观止；百多年前，这里还是全国孔子释奠礼乐的中心。而对照以往完备的典礼仪式，今日的典礼却"于古为不真，于今为不合，不足以为人效法"，所以，既然是公祭，是今人举行释奠礼，那么就应该与时俱进，由今人制礼作乐，制定出一套规范的、既接续传统又反映时代特色的祭祀典礼。

第二节 文庙释奠礼仪存在的问题

由于特定的历史文化背景，我们对中国传统文化的研究、认识和继承、发展需要一个过程，必须正视现实，认清我们所处的历史阶段。而其中最为重要的是，我们必须在对待优秀传统文化方面有一个正确的态度，

---

①刘续兵：《文庙祭祀的文化意义》，《光明日报》2013 年 3 月 25 日，第 15 版。
②王钧林：《公祭孔子：一种文化现象之解读》，《齐鲁晚报》2004 年 10 月 24 日。

冷静与理性地思考如何建立中国优秀传统文化的传承体系。只有这样，我们才有可能理清我们现在的"祭祀典礼"存在哪些问题。

曲阜每年"中国（曲阜）国际孔子文化节"中的"祭孔大典"之后，一般都能够听到、看到学者们的评论，赞成者有之，批评者有之。有的是从学理上进行议论，有的则带有情绪的宣泄性质。不论哪一种看法，大家都是在关注、关心"孔子祭祀"问题，这样的评论都有利于孔子祭祀礼仪的改进。尤其学术界的一些批评或建议，例如清华大学的彭林教授等学者，十分关注文庙祭祀，他们提出的中肯建议[①]，更加需要认真听取、吸收。

由孔子的历史地位所决定，"公祭孔子大典"现在已成为举世瞩目的"文化盛典"，也是展示国家形象的文化品牌。这一文化大典历时两千多年，旨在传承历史文化，理应充分尊重文化传统，尽可能保持其固有文化元素。这一点十分重要。根据我们的研究，结合世人的评说，有关文庙祭祀在以下方面存在着一些问题，有必要在认真研究思考的基础上加以改进：

一、关于"文庙祭祀礼仪"的名称问题

文庙，现在人们一般约定俗成地称之为"孔庙"。文庙中主祭孔子，例如曲阜阙里孔庙，这里还是孔氏家庙，称其为"孔庙"不是没有一定道理。但是，文庙中不仅仅祭祀孔子，而且以"四配""十二哲"、历代先贤先儒配享、从祀，因而从国家历史文化的角度来说，称其为"文庙"更为妥当。

历史上，文庙祭祀名目繁多，每年都要进行许多祭祀。今天如何开展此项活动，应当认真研究历史做法，制定出当今时代的祭祀类别、祭

---

① 彭林、张德付：《关于"祭孔大典"的几点建议》，《光明日报》2011年10月31日，第15版。

祀名目。尤其作为国家组织的祭祀，这是文庙祭祀的"殊典"，具有极大的影响力，尤其值得认真甄别研究。

事实上，现在的各地祭祀都不同程度地存在一些问题。近些年来，由于对传统文化的重视，各地都开始举行对先祖、先圣、先贤的祭祀，笔者也曾应邀参加过一些相关的礼仪活动，在这样的祭祀活动中，不难发现存在的一些常识性的问题，其实归结起来，最为重要的就是"正名"的问题。祭祀对象如何称谓？碑文、对联怎样称名？甚至主祭对象与配享人物是什么关系？绝不应该是活动主办者或者组织者随意就可以确定的！

彭林先生等提出建议，"祭孔大典"等文庙祭典名称宜改为"释奠礼"，很有道理。"释奠"原本是周代祭名，因奉献给祭祀对象的主要是币帛，也称释币。一开始，释奠的对象比较多，有先圣、先师、先老、行者之先（行神）等。但是随着历史的发展，释奠对象逐渐只剩下先圣、先师。自汉代起，"释奠礼"几乎就成了祭祀孔子的专名；至唐代，释奠礼基本定型。从此，代代相传，无甚更易。两千年来，孔子与释奠礼之间已经形成一种近乎天然的关系。我国因取消了"释奠"之名而代之以"祭祀孔子大典""祭孔大典"，以至鲜有人知"释奠礼"为何物。彭林先生认为，一个绵延数千年的文化大典，如果连祭名都无法传承下去，岂不是很讽刺的事吗？

二、关于"文庙祭祀礼仪"的举行时间

关于祭祀礼仪举行的时间，首先遇到的是"孔子诞辰日"问题。实际上，关于孔子生年，本来就有鲁襄公二十一年（前552）和鲁襄公二十二年（前551）两说，可谓聚讼二千年，未得定谳。近年来，有几位学者（如江晓原、刘奉光、黄怀信等先生）先后研究孔子的诞辰时间，认为不应该是现在通行使用的"9月28日"。例如黄怀信先生在第三届世界儒学大会上提

交论文《孔子生年月日考辩》，认为孔子生日正确的农历组合为鲁襄公二十一年庚辰朔之周历十月庚子日，换算成公历，就是公元前552年10月9日。这一推算方法是用儒略历推算的结果，另外又有学者用格里高利历推算为10月3日。

如果孔子诞辰计算有误，那么就应当考虑修正错误。所以黄怀信先生说："近年祭孔所定之公历9月28日，其月日虽从《谷梁传》换算，而其所由得之年又从《史记》之误记，可见都不合理"，所以他认为，"孔子的生年月日及每年祭孔时日应当重新颁定"。

但实际上，即使孔子诞日确实是9月28日，祭典日期定在这一天也"既不合礼，又不合理"。彭林教授认为，祭祀不应当在诞辰之日，诞辰祭祀于礼不合。按照我国的礼义传统，对于生者，生日祝寿；对于死者，忌日祭祀。两者区分得很清楚。诞日祭孔，始于1913年孔教会的提倡，后遂成为常态。这显然是受西方宗教影响而然，是不合我国祭祀礼仪传统的。不宜用民国以来几十年的传统，替代自汉代以来两千余年的传统。

世界华人祭祀自己共同的圣贤哲人，应该有一个共同认定的祭祀日期，而实际上，这些并不统一。关于这一点，很多学者已经提出了问题。例如2011年孔子祭祀时，台北的主题是"纪念大成至圣先师孔子2561周年诞辰释奠典礼"，而曲阜的主题是"儒济天下、和宁四方——纪念先师孔子诞辰2562周年"。这里有一个非常明显的差异，即"2561"与"2562"。那么祭祀日期究竟如何确定呢？

除此之外，学者们还提出了恢复春、秋仲月（农历二月、八月）上丁日释奠传统的建议。另外，各地与北京或曲阜同时祭祀，在宣传效应方面容易受到掩蔽，减少了地方文庙释奠的影响力，因而提出各地各级文庙举行释奠礼，在日期上宜有所分别。

三、关于"文庙祭祀礼仪"的具体仪程

　　曲阜开始"公祭"文庙时，有海外学者参礼后，对一些具体的做法表示不能赞同，形容所看到的"简直就是舞台剧"，从而批评"祭礼不正供，祭场混乱"，一些网友也感到不满，有人说"这样祭孔，不如不祭"。

　　毫无疑问，文庙释奠礼作为一种传统的礼仪，应该充分尊重传统，孔子祭祀应当处理好礼制损益、"变"与"不变"的关系。彭林先生等指出："从整体来看，曲阜祭孔大典的仪节设置很难说有什么内在的层次性和关联性，给人以有始无终，虎头蛇尾的感觉。"他还具体指出其中的一些问题，如祭祀一开始就来了多次献花仪式，有悖于"礼不欲数"的精神，几乎成了官员人等的走台仪式。而且"从始至终都只是献花，最后社会各界献花环节更是一片混乱，甚至有人边走边摄像。这些都是极不合礼的，应该彻底改观"。

　　在服饰方面，参与祭祀人员缺乏系统性规划或要求，给人以"杂乱无章"的感觉。在礼仪的细节上，也存在不少问题。彭林先生举例说：抬花篮的工作人员居然用正步走。且不论献花篮是西化的做法，仅就行走的方法而言，我国传统礼仪对不同场合的步法有非常细致的合乎人情、物理的规定，主办方显然未能充分参考。彭林先生说得有道理，行礼要达到威仪可观的效果，就必须充分重视所有的细节，否则必然给人不伦不类的感觉。

　　现在的"文庙祭祀礼仪"，的确存在很多需要改进之处。例如祭祀礼仪中的"正献"与"分献"问题。今天的祭祀往往只有祭祀孔子的"正献"礼，而缺少祭祀配享从祀者的"分献礼"。文庙祭祀以孔子为主，但有孔子弟子及其他儒者配享从祀，所以在祭祀孔子的时候，也应该同时祭祀这些配享从祀人物。

四、关于"文庙祭祀礼仪"的"祭文"

　　曲阜自"公祭"孔子开始，每年都专门邀请学者撰写"祭文"。开始的几年中，一直是邀请同一位学者（杨佐仁先生）撰写，自2008年开始，为"给孔子祭祀留下历史文献"，遂分别邀请文化名人撰写祭祀孔圣文，几年中，先后邀请了金庸、范曾、许嘉璐、杨朝明等先生进行撰写，取得了很好的"名人效应"，主办者的意图或良好愿望得到了很好体现。

但是，彭林先生的看法有所不同，他认为："祭文应当固定，不必年年撰写。"他认为，古代释奠礼，祭文基本是固定的，仅将岁月干支依时变更。《大唐开元礼》等历代礼书都有明确的范文。应该沿用古来惯例，参考历代祭文，撰定蓝本以推行开来，没有必要在祭文的撰写上翻无谓的花样。

当然，关于祭文，还可进一步考虑研究。历史上，各个朝代的做法也有所不同，虽然不必追求"花样翻新"，但也不一定年年固定，一成不变。

第三节 对当代文庙释奠的构想

一、孔子礼制损益思想与释奠礼的基本原则

从本质上讲，历代以来，人们不仅把孔子作为一个单独个体的"人"来对待，还把他看作一种"文化符号"，看作"道统"和"学统"的代表与象征。进行文庙释奠，既是为了尊崇孔子，更是以这种特殊的方式来体现对孔子为代表的优秀传统文化的尊重。正如杨朝明先生分析的那样，既然是祭祀孔子、儒家，理所当然要正确领会和把握孔子、儒学的思想核心，并以此为原则确定具体礼仪。每个朝代的礼制都不可能一成不变，有继承，也有创新；有"变"，也有"不变"。礼法虽有损益，但"尊尊""亲亲"的伦理秩序绝不会变[1]。继承不代表僵化，孔子认为，

---

[1] 参看杨朝明：《礼制"损益"与"百世可知"——孔庙释奠礼仪时代性问题省察》，《济南大学学报》（社会科学版）2009年第5期。

有三种人是会招致灾祸的："愚而好自用，贱而好自专，生乎今之世，反古之道。"①由此可知，孔子虽尊"礼"，但绝不拘泥于古礼，而是富于权变思想、"与时偕行"的"圣之时者"。今天，我们思考与确定文庙释奠礼，既要把握其中"不变"的核心思想，保持传统祭祀仪典的内涵，又要防止"生乎今之世反古之道"，充分考虑现代社会的具体特征。

《论语·为政》篇记载：

> 子张问："十世可知也？"子曰："殷因于夏礼，所损益，可知也；周因于殷礼，所损益，可知也。其或继周者，虽百世，可知也。"

孔子和学生谈论的中心思想就是"变"与"不变"的关系问题。礼仪的枝蔓细节虽然在各代都可能有所变化，但其实质内容不会变。"人而不仁，如礼何？人而不仁，如乐何"②？礼自外作，是外在的行为规范；乐由中出，是内心情感流露于外的表现形式。没有心中的"仁"，就丢失了最本质的内在，只剩下"礼乐"的外壳，无论多么规范和雅正，都将毫无意义。"礼云礼云，玉帛云乎哉？乐云乐云，钟鼓云乎哉"③？"礼乐"不在于外表形式，不在于仪容声色，而在于内心情感的真诚流露，即"归礼于仁"。

当然，形式表现的是内容，故而形式本身亦有意义。孔子的学生子贡因怜悯一只被作为祭品的羊，想把这只羊放生。孔子说："尔爱其羊，我爱其礼。"④孔子说的这种礼，是当时举行的一种颁发历书的礼仪，百姓需要借此进行耕作、生活。子贡从节约和爱惜动物的角度出发，想

---

① 《礼记·中庸》。
② 《论语·八佾》。
③ 《论语·阳货》。
④ 《论语·八佾》。

放生这只羊；而孔子认为，在这里节约不是最重要的，举行这种礼仪意义重大，一方面是尊奉中央政府治权的象征，另一方面是百姓日常生活的需要，故而礼仪形式本身具有神圣性。人们通过这种形式的不断强化和重复，可以获得并传承某种理性认识。

孔子的这种论述十分符合他的一贯思想，"子绝四：毋意，毋必，毋固，毋我"[1]。他执着于"王道"，"祖述尧舜，宪章文武"，但是，在赞赏与敬仰三代"明王"的同时，他也批评其"乱王"[2]。

人们曾经严重误解孔子，以为他是一位保守、守旧的人。几年前发生在国家博物馆北门广场的"孔子像事件"，就充分说明了这一现象。有时候，误解比不了解更可怕，很多人对孔子的攻击和谩骂是建立在对其一知半解的基础上。《礼记·表记》记孔子说："夏道尊命，事鬼敬神而远之……殷人尊神，率民以事神……周人尊礼尚施，事鬼敬神而远之。"与夏、商两代相比，周文化从尊命、尊神转而尊礼，更为理性和进步。周礼也不是由周公一人凭空独创，也是在总结夏、商以至更前代文明基础上集成而来。孔子对古代历史兴趣浓厚，但绝不是埋首典籍的学究，他深知研究历史可资作为今天借鉴的道理，更懂得研究近代史、当代史以树立政治观点的重要性，详今略古，厚今而不薄古，这与其"多闻缺疑"的态度有关。西周前的资料多已散佚，传闻讹误处很多，对无史可征者不妄加评论。对历史人物既不是简单的肯定，也不是简单的否定，这与他无过无不及的中庸思想又是一致的。

孔子不仅承认社会是变化的，更认为社会变革在发展中起到正面作用。他评价齐鲁两国的政教："齐一变，至于鲁；鲁一变，至于道。"[3]"颜渊问为邦。子曰：'行夏之时，乘殷之辂。'"[4]这是因为相比之下，

---

[1]《论语·子罕》。
[2] 参见马承源：《上海博物馆藏战国楚竹书》（二），上海古籍出版社2002年版。
[3]《论语·雍也》。
[4]《论语·卫灵公》。

夏代的历法更符合农时，商代的车子更加实用。这里虽指的只是对某一种事物的选择和利用，但反映了其承续与发展的历史眼光。而"逝者如斯夫！不舍昼夜"，"后生可畏，焉知来者之不如今也"等言论，从不同的角度明白地反映了孔子的历史发展观点。《论语·子罕》篇载有孔子对礼的看法："麻冕，礼也；今也纯，俭，吾从众。拜下，礼也；今拜乎上，泰也。虽违众，吾从下。"准确把握了对礼的本质与形式的理解。因此，孔子绝不泥古，亦未固今，一切都视其是否合"宜"而定。

事实上，孔夫子绝不是在很多人印象中那个刻板守旧、只想回到过去、不想面对未来的人，他的很多工作都是石破天惊的创举：母亲去世时，孔子把父母合葬在一起，并把他们的墓由以前的"墓而不坟"也就是没有坟头，改为"墓而坟"，他说："丘也东西南北之人也。"[①]他是要经常到处游学奔走的人，有了坟茔，便于寻找，就可以按时回到父母坟前纪念和祭祀，是有明确记载的第一人——这一年，他十七岁。孔子以极大的魄力开创私学，"自行束脩以上，吾未尝无诲焉"，"有教无类"，打破了"学在官府"、只有贵族子弟才有资格接受教育的旧传统，对中国历史和文化影响深远，其教育理念穿越时空，至今备受推崇——这一年，他三十岁，漂亮地立身于这个世界。孔子大规模而又高质量地培养学生，弟子三千，贤者七十二，形成了一个可以影响很多诸侯国内政外交的庞大的政治文化群体。"士农工商"，中国历史上"士"这一群体，就由孔门弟子推广开来——这时候，他四十多岁，进入不惑之年。《易经》在孔子之前就有，但只用于占卜，到了孔子才把其中真正高明和深邃的地方挖掘出来，赋予其真理性哲理——这时候，他五十多岁，始知天命。六十耳顺之后，致力于整理典籍，"以述为作"，不是简单的记录，而

---

① 《礼记·檀弓》。

是融入自己的思想——他是在"接着说",不是在"照着说"。"礼制损益,百世可知",孔子主张要掌握其中的规律和真理,而不是拘泥于古代和现代。

我们今天对待传统文化,其实最应学习的就是孔子,他是"创造性转化、创新性发展"的典型代表,不是守旧偶像,而是创新先驱。

二、对当代文庙释奠的新构想

认真研究历代的孔子释奠礼仪,检讨今天孔子祭祀的现状,十分有利于今天孔子祭祀的规范化。综合以往富有成效的做法,借鉴历史的、域外的经验,总结学术界以及社会各界的看法,我们认为,今天的孔子祭祀,的确还存在不少需要解决的问题。为此,我们应当努力制定出适合时代要求、具有时代气息与鲜明特征的礼仪。这不仅为当今社会发展所需要,而且也是孔子关于礼制应在"损益"中发展的思想的体现。为此,我们提出初步的构想如下:

首先,应当加强对孔子释奠礼仪重要意义的认识。

毫无疑问,现在文庙释奠礼仪还存在不少问题,这些问题的存在,原因是多方面的,但是说到底,这都与对孔子释奠礼仪价值与意义的认知密切相关。要解决这些问题,最为重要的是提高认识,对孔子释奠礼仪重要性和必要性的认识真正到位,只有这样,孔子释奠礼仪才有可能越做越好。

中国自古重视祭祀,对祭祀的重要性进行过很多论述。如《礼记·祭统》中说:"凡治人之道,莫急于礼。礼有五经,莫重于祭。夫祭者,非物自外至者也,自中出,生于心也,心怵而奉之以礼。是故唯贤者能尽祭之义。"祭祀与政治管理密切相关,甚至是政治治理的关键。对人的管理,没有比礼更重要的了,而在众多的礼仪活动中,恐怕祭祀之礼又最为重要。人之礼生于心,由内心而形之于外,只有心具贤德之人才能够理解祭祀之礼的真谛。

关于祭祀礼仪活动的意义,《周礼》中也有明确阐述。《周礼》记载"大司徒"的职责有所谓"十二教",而最为首要、排在最前面的是"以祀礼教敬",难怪那时候有"国之大事,在祀与戎"①的说法,祭祀为国家头等"大事",能够培养人的"敬"心,人们对事、对人如果缺乏"敬畏"之心,恐怕任何事情都做不好。也许正因为如此,孔子才希望人们能够做到"言忠信,行笃敬"②,特别强调一个"敬"字。

对孔子祭祀的理解,和对孔子、儒学与中国传统文化的认识有直接关系。今人祭祀孔子,是对祖国传统文化表达敬意的恰当方式。我们必须知道,文化是民族的生命,文化的传承如同生命的延续,不可自戕,更不可中断。如果一个民族在文化上不能自立,就难以赢得世界的尊重。今人思考所以振作之道,必自尊重传统、珍视文化起。只有这样,才能更好地吸收外来的有益文明,从多元文化中择善而从,创造属于自己时代的文化,以延续民族文化的生命。

对孔子的祭祀自孔子逝世之年便已开始,两汉时期虽有间断,但到唐宋时期,孔子祭祀已渐成定制,形成了一个历朝历代都非常重视的特殊祭祀传统。这一传统在中国内地中断了半个多世纪,虽然还存在这样那样的不足,但只要认真加以研究,这些不足则不难得到改进。

第二,组织专门的研究力量研讨释奠礼仪。

在中国历史上,孔子释奠礼仪活动长期举行,留下了大量的历史记录,这些珍贵文献,为研究制订今天的孔子释奠礼仪提供了丰富材料。但是,由于几十年的中断,人们已经对文庙释奠礼乐相对比较陌生,随着时代的发展变化,也需要制定具有时代特色的释奠礼乐,这需要组织专门力

①《左传·庄公十三年》。
②《论语·卫灵公》。

量对释奠礼乐进行研究。

在民国时期，因为时局动乱，又没有可供遵循的统一礼仪，所以释奠礼的举行很不正常，也不规范。有时举行，有时不举行；有的地方举行，有的地方不举行。到 1968 年，台湾地区组织力量，聘请学者、专家组成"祭孔礼乐工作委员会"，分别成立礼仪、服装、乐舞、祭器四个研究组，确定各组的召集人，进行研究规划工作，初步订定"大成至圣先师孔子释奠礼仪节"，并于同年在台北市孔庙"祭孔"时试行。然后，再经过两年的研讨改进，于 1970 年定案而公布实施，各方反应良好而一直在台湾沿用。

在韩国，释奠礼仪很受重视，每年春、秋两季都要举行大型的祭祀活动。作为"非物质文化遗产"，韩国有专门的释奠礼仪"传承人"，有专门的"释奠学会"以及"佾舞研究会"等学术组织，还常常举行"释奠学研究"的学术会议。台湾地区也曾举行相关的学术研讨。

在中国内地，有识之士已经对文庙释奠礼乐进行了开拓性的发掘、整理与研究，取得了不小的成绩，释奠礼仪活动有了很好的开端。但是，毋庸讳言，现在的文庙祭祀还很不规范，非常需要借鉴历史经验，细致研究探讨，尽快制定规划，在国家层面上，组织专门力量，强力开展研究。

第三，重点整饬作为释奠礼核心的祭祀乐舞。

祭祀乐舞是孔子释奠礼仪的核心。东汉元和二年（85），汉章帝祭祀孔子，用鲁国旧存"六代之乐"。南朝宋元嘉二十二年（445），始用"八佾之舞"，乐奏《登歌》。南朝齐永明年间改用"六佾之舞"，"轩悬之乐"。隋仁寿元年（601），作专用乐章《诚夏》。唐武德九年（626），改名为《和》；贞观年间制乐五章九奏；开元年间又增三章，并修改歌词，颁定宫调。五代后汉改乐名为《成》，废除开元年间所增三章。五代后周又改名为《顺》。宋初改名为《永安之乐》；景祐二年（1035），改为《凝安之乐》；哲宗年间，又增酌献配位一章；徽宗崇宁四年（1105），大晟府主持制定祀孔音乐，4年完成，仍用《凝安》，共八章；政和六年（1116），又增两章。金代借唐乐之名为《太和》，每章以"宁"为名，共九章九奏；明昌六年（1195），所颁乐章稍有不同。元初沿用金乐，成宗大德十年（1306），新撰《大成乐》共十九章。明初颁定"六佾之舞"，乐章以《和》为名；洪武二十六年（1393），颁定《大成乐》；宪宗成化年间，改用"八佾之舞"，加笾、豆为十二；世宗嘉靖年间，改为"六佾之舞"，乐用"轩悬"。清康熙六年（1667），创作《中和韶乐》，定曲名为《平》，六章六奏；乾隆八年（1743），对乐名有所改动，更为六章八奏。

释奠礼中的乐歌，与舞蹈密不可分。在六个乐章中，"初献""亚献""终献"中的《宣平》《秩平》《叙平》三章有歌亦有舞，其余三章有歌而无舞。明代时舞蹈由"立之容""舞之容""首之容""身之容""手之容""步之容""足之容""腰之容"（或礼之容）等八大类舞容组成，共三十九种舞节，兼有执、举、衡、落、拱、呈、合、并、垂、交等十一种舞具之势，由初献、亚献和终献三个乐章构成。乐章内容即是舞蹈的实质性内容，它是祭祀孔子时称颂孔子所唱的歌辞。各个乐章各有四字八句三十二字构成，三个乐章共九十六字。每字对应具有相应意义的舞蹈动作，所以，三献礼共有九十六个动作。三献礼乐章的内容分别是：

1、初献礼：自生民来，谁底其盛。维师神明，度越前圣。桑帛具成，礼容斯称。黍稷非馨，维神之听。

2、亚献礼：大哉圣神，实天生德。作乐以崇，时祀无斁。清酤惟馨，嘉牲孔硕。荐羞神明，庶几昭格。

3、终献礼：百王宗师，生民物轨。瞻之洋洋，神其宁止。酌彼金罍，惟清且旨。登献惟三，于献成礼。

祭祀舞姿寓意极深，四转势为"四纲"：上转势（面北舞）象恻隐之仁；下转势（面南舞）象羞恶之义；外转势（相背舞）象是非之智；内转势（相对舞）象辞让之礼。队形的变动，也寄寓着独特的象征：初变东西立，象尼山毓圣，五老降庭；再变象筮士于鲁而象治；三变东西分，象历聘列国而四方化；四变而稍退，象删述六经，告备于天；五变而左右，象讲论授受，传道于贤；六变而复原位，象庙堂尊崇，弟子配享。

再从祭孔释奠乐舞歌辞看，历代也各有不同。唐太宗时期制作的《大唐雅乐》十二章称为"十二和"；唐朝玄宗开元年间增为"十五和"，以"和"为主；见于《全唐诗》中释奠文宣王乐章有七章，分别是《诚和》《承和》《肃和》《雍和》《舒和》《迎神》《送神》。五代后汉时，废除唐玄宗时期增加的三章，改"十二和"为"十二成"。后周时改"十二成"为"十二顺"。宋太祖赵匡胤制作祭祀乐舞，改"十二顺"为"十二安"。

金、元、明、清历代继续改变。金世宗定为"太和之乐"，每个乐章以"宁"字命名，如释奠迎神乐奏《来宁》、盥洗乐奏《静宁》、奠币与初献乐奏《和宁》等。元朝以"明"字命名，如迎神乐奏《文明》、盥洗乐奏《昭明》、升殿与降阶乐奏《景明》、奠币乐奏《德明》、酌献乐奏《诚明》、亚献与终献乐奏《灵明》、送神乐奏《庆明》。明太祖朱元璋时，乐章复以"和"定名。清康熙年间再作"中和韶乐"，取"天下太平"之意，乐章均以"平"字命名，颁至国学，以为孔子释奠之用：迎神乐奏《昭平》、初献乐奏《宁平》、亚献乐奏《安平》、终献乐奏《景平》、撤馔乐奏《咸平》，送神时，更换歌辞，复奏《咸平》之曲，全乐为五曲七奏。

民国时期，释奠乐舞歌辞也不沿用清朝。民国三年，袁世凯准颁《民国礼制》，其中包括了《祀孔典礼》，对"京师文庙""各地方文庙"

修订乐章名称相同，但歌辞有所不同。无论"京师文庙"还是"各地方文庙"的乐章，其名称都分别为《昭和》《雍和》《熙和》《渊和》《昌和》《德和》。

通过上述的描述，结合当代孔子释奠礼仪的现状，可以看出孔子祭祀乐舞需要进一步的整饬。在祭祀孔子的实践中，曲阜已经作了许多有益的工作。例如历代的乐舞歌辞不尽相同，为适应当前的社会实际，2005年，由杨朝明指导，刘续兵策划并组织，曲阜师范大学孔子文化学院青年学者宋立林新编了释奠乐舞歌辞，其辞为：

第一章《天人合一》

天地玄黄，宇宙洪荒。民胞物与，泛爱八方。

生生不已，盛德无疆。天人合一，道谐阴阳。

第二章《与时偕行》

乾坤不老，日月无殇。泱泱华夏，屹立东方。

元亨利贞，与时行将。继往开来，永新此邦。

第三章《万世师表》

三代巨典，六经华章。金声玉振，万仞宫墙。

博文约礼，教化其张。尊师重道，斯文永昌。

第四章《为政以德》

人文化成，礼乐相襄。仁义礼智，至德煌煌。

君子德风，万民慕仰。德主刑辅，纲纪有常。

第五章《九州重光》

躬逢盛世，国运隆昌。海晏河清，王道弥芳。

一阳来复，九州重光。和平崛起，远迈汉唐。

第六章《天下大同》

讲信修睦，贤能其当。无争无战，美善斯扬。

修齐治平，三光永光。天下大同，协和万邦。

应当说，改编后的歌辞继承了历代祭祀孔子歌辞中的优秀内涵，精练概括了孔子思想的精髓，也具有浓郁的时代气息。我们认为，孔子祭祀乐舞的其他相关方面，也应当得到认真的研究与整饬，尤其需要注意的是，不论是乐舞所用"八音"乐器，还是相关乐器的吹奏方法，有很多已经失传，当代"祭孔大典"实际上是以音响系统为主进行音乐的"演奏"。

审视当代孔子释奠礼仪现状，可知释奠乐舞已经需要进一步整饬，对此非物质文化遗产的保护、研究和整理、应用，已是迫在眉睫。

第四，改进与释奠礼有关的活动环节。

不必讳言，今天中国的孔子祭祀活动还具有一定的"仿古"与"表演"性质。作为孔子故里的山东曲阜，在约一百多年前废止"尊孔读经"以来，在中国内地最早开始了孔子祭祀活动，但最初是为适应社会经济的发展，配合孔子诞辰纪念活动，从而挖掘整理的仪式。经过各界人士的多年努力，孔子祭祀与每年一度的"中国（曲阜）国际孔子文化节"已经成为中国国家旅游局确定的国家级、国际性"中国旅游节庆精选"之一。

孔子祭祀以及整个"孔子文化节"活动虽然举办多年，但相对而言，这一重大活动还处在现时代的"初级阶段"，还需要一个摸索研究的过程。国家的礼制关联着社会的管理，孔子祭祀活动乃至整个"孔子文化节"活动具有重要的社会影响效果，为此，应当有效利用这一活动，积极挖掘并充分展示孔子思想与传统文化的优秀内涵。很显然，孔子释奠活动不能停留在"旅游"的层面，而应当在极尽孔子文化的社会功能上着眼，将"孔子文化节"办成真正尊重历史文化、弘扬优秀传统文化的节庆活动。

如今，曲阜"祭孔大典"共分为明故城开城仪式、孔庙开庙仪式、现代公祭和传统祭祀四个部分。在音乐、舞蹈和服饰等方面都有了新的发展。有人总结现在的"祭孔大典"有"三新"：一、音乐新。在原有乐谱的基础上，重新制作了开城、祭祀音乐，意在达到磅礴大气、震撼人心的艺术效果。二、舞蹈新。祭祀大典参照《中国历代孔庙雅乐》等有关文献图谱，对祭祀乐舞进行了重新编排，使其更具感染力。三、服饰新。"演出"使用的明代服装和道具经过重新设计制作，准确体现了明代祭祀的规模和盛况，更加古朴、庄严、凝重。当然，未必什么都是越新越好，有些环节也应当忠实于历史的样态，原生态的古代文明样式说不定更具有感染力。

作为重要的历史文化遗产，人们大都希望我们的"祭孔大典"不断完善，能够以全新的气象展现在世人面前：

在祭祀礼仪名称方面，祭典名称宜改为"释奠礼"，"祭文"宜改称"祝文"。

至于释奠礼举办的具体时间节点，笔者以为，考虑到汉代以来已经形成的"春秋两祭"传统，加上至今未能真正确定孔子诞辰与辞世的具体日期，可以继续以实行多年的"9月28日"为秋祭日期，以国人慎终追远、悼念先人的"清明"为春祭日期，这样既符合文化传统，又便于今天已熟悉公历纪年的人们记住祭祀时间，是一个现实而自然的选择。2008年开始恢复的春祭，孔子故里曲阜即以"清明"为期，为很多人所接受；而台北孔庙以"仲春月上丁日"为期，则造成每年春祭的日期都不一致，客观上产生了一些不便。

在祭祀程序设置方面，很重要的一个环节是祭祀礼仪中的"正献"与"分献"问题。目前的仪程往往只有祭祀孔子的"正献"礼，而缺少祭祀配祀者的"分献礼"。文庙祭祀以孔子为主，但有孔子弟子及其他儒者配享从祀，所以在礼仪程序的设计中，不应忽视这一内容。

另外，应该增加讲经的环节。自古以来，释奠就与讲论儒家经典紧密相连，皇帝、皇太子释奠讲经，史不绝书。《大唐开元礼》中的释奠礼，就明确设置了讲经环节。这种仪节在日本一直延续到今天，如2009年4月，日本"斯文会"第103届"祭孔典礼"上，著名教授田部井文雄讲解了《论语·子罕》"颜渊喟然"章。典礼结束后，又有学者在"斯文会馆"讲堂发表题为"孔子庙国际化之旅"的专题演讲。今天，应当重拾释奠讲经传统，以丰富释奠礼的内容，增强释奠礼在文化传播、普及方面的作用。其实，最近几年来，曲阜举行"祭孔大典"的前后，在孔子研究院同时举办"世界儒学大会"，国内外的儒学研究者通过这个平台交流研究心得，已经具备了"讲经"的某种意象。不过从仪节设置上，还可以进一步打通这两个活动的内在关联，使其相互呼应，重现释奠讲经传统。

孔子少年时"为儿嬉戏，常陈俎豆，设礼容"①，鲁国在春秋礼崩乐坏的时代，仍保留了较为完备的先代历史典籍与礼乐制度，以至于诸侯各国纷纷到鲁国来观摩和学习周礼。这种文化氛围使少年孔子感到好奇与震撼，令他对这些礼仪滋生了崇敬之心。今天的文庙释奠中，也应恢复祭祀和教育两项功能，增加青少年参与祀典的机会，使他们在浓厚的文化氛围中，呼吸历史，触摸传统，增强释奠礼在文化传播和普及方面的现实作用。

---

① 《史记》卷47《孔子世家》，中华书局1959年版，第1947页。

结 语

孔子集古圣先贤之"大成",祖述尧舜,宪章文武,开创了中国文化的新时代。孔子后,儒家学说由"显学"而成为定于一尊的主流意识形态,影响中国社会既深且远。在这一过程中,后世儒生宗师仲尼,传承、弘扬孔子学说,发挥了重要的作用。唐朝以来,历代朝廷都会有意识地将弘扬与践行孔子思想的杰出人物供奉在文庙,至清末,配享、从祀孔子的儒生人数已达到172人。

如果说文庙是正统儒学象征体系的核心,那么文庙从祀制度就是这一核心的焦点,如同皇冠之上的宝石,璀璨夺目。文庙从祀制度脱胎于上古礼制中有主、有配的传统,如郊祭主日而配以月,社祭配以句龙,稷祭则配以周弃。礼主别异,文庙从祀之礼最为关键之处亦在于位次之先后,配享、从祀均有定制。后人于诸儒位次之进退去取中,可观得历代治统与道统相互制衡的微妙关系,无怪乎明儒瞿九思叹言:"从祀大典,乃乾坤第一大事。"

曲阜阙里孔庙大成殿的东、西两侧,有两排房屋,绿瓦长廊,红柱隔扇,这是后世供奉历代先贤、先儒的地方,习惯上称为"两庑"。两庑始建于唐代,初为20间,随着从祀贤、儒的不断增加,明成化年间扩为100间。

现在曲阜阙里孔庙的两庑共 80 间，供奉着历代先贤、先儒共计 156 人。两庑之中的从祀诸儒，历代都有增添和更换，除孔子弟子外，绝大多数为历朝历代的儒学大师。他们以孔子为师，以六经为典，以继承道统为己任，发展并传播儒家思想，被后世认为是儒学传承的正统。

走进两庑，一个个木制的牌位整齐地摆在神龛之中，神龛前的方桌上摆放着祭祀用的礼器。与孔庙里的其他殿堂相比，这里的设施简陋了很多，而且空间上显得极为拥挤。然而，此处虽然比不上大成殿的富丽堂皇，但更让中国古代的知识分子魂牵梦绕。在他们看来，只有来到了这里，才意味着真正进入了史册。

从祀文庙的精神追求，展现了中国古代知识分子的不朽观念，即强调个体生命对现实社会及历史的作用和影响。以木石砖瓦形式存在的祠庙屹立在人间，历经千百年的沧桑而完好无损，这昭示了生命之外的另一种存在，它比肉身更长久，比人的存在更具超常的力量！

文庙释奠之所以能够存在并延续两千年，并非偶然。一方面是孔子及其思想之伟大，对于中国知识分子来说具有极大的魅力，作为中国古代士人所普遍推崇的圣人，赢得了精英阶层的公认，成为中国读书人的宗师和楷模。另一方面，正是因为孔子成为了读书人的宗师与楷模，统治者为了取得政治合法性，得到精英阶层的广泛支持，必然要重视和推崇孔子及孔子之道，而文庙释奠礼则是古代中国尊崇孔子的最为物化和最为直接的方式。

孔子以及那些配享、从祀者，他们无不是中国优秀传统文化的典范人物，正是中国的脊梁。在这样的意义上，文庙就是中国历代知识分子的精神家园。

附录

一、历代对孔子的追谥

时 代	时 间	封 号	备 注
西汉	元始元年（1）	褒成宣尼公	
北魏	太和十六年（492）	文圣尼父	此为尊称
北周	大象元年（580）	邹国公	
隋	开皇元年（581）	先师尼父	此为尊称
唐	武德七年（624）	先师	此为尊称
唐	贞观二年（628）	先圣	贞观十一年（637）改称宣父
唐	乾封元年（666）	太师	
武周	天绶元年（690）	隆道公	
唐	开元二十七年（739）	文宣王	
北宋	大中祥符元年（1008）	玄圣文宣王	大中祥符五年（1012）改称至圣文宣王
西夏	人庆三年（1146）	文宣帝	
元	大德十一年（1307）	大成至圣文宣王	
明	嘉靖九年（1530）	至圣先师	
清	顺治二年（1645）	大成至圣文宣先师	顺治十四年（1657）复改称至圣先师

二、历代帝王幸鲁

朝　代	帝　王	时　间
西汉	刘邦（汉高祖）	高祖十二年（前195）
东汉	刘秀（光武帝）	建武五年（29）
东汉	刘庄（汉明帝）	永平十五年（72）
东汉	刘炟（汉章帝）	元和二年（85）
东汉	刘祜（汉安帝）	延光三年（124）
北魏	拓跋宏（孝文帝）	太和十九年（495）
唐	李治（唐高宗）	乾封元年（666）
唐	李隆基（唐玄宗）	开元十三年（725）
五代后周	郭威（后周太祖）	广顺二年（952）
北宋	赵恒（宋真宗）	大中祥符元年（1008）
清	爱新觉罗·玄烨（清圣祖）	康熙二十三年（1684）
清	爱新觉罗·弘历（清高宗）	乾隆十三年（1748）
清	爱新觉罗·弘历（清高宗）	乾隆二十一年（1756）
清	爱新觉罗·弘历（清高宗）	乾隆二十二年（1757）
清	爱新觉罗·弘历（清高宗）	乾隆二十七年（1762）
清	爱新觉罗·弘历（清高宗）	乾隆三十六年（1771）
清	爱新觉罗·弘历（清高宗）	乾隆四十一年（1776）
清	爱新觉罗·弘历（清高宗）	乾隆四十九年（1784）
清	爱新觉罗·弘历（清高宗）	乾隆五十五年（1790）

三、阙里孔庙从祀"十二哲"

姓 名	位 次	称 谓	从祀时间	历代追封	备 注
闵损	东一位	先贤闵子	唐开元八年（720）	费侯（唐开元二十七年）、琅邪公（宋大中祥符二年）、费公（南宋度宗咸淳三年）	
冉雍	东二位	先贤冉子	唐开元八年（720）	薛侯（唐开元二十七年）、下邳公（宋大中祥符二年）、薛公（南宋度宗咸淳三年）	
端木赐	东三位	先贤端木子	唐开元八年（720）	黎侯（唐开元二十七年）、黎阳公（宋大中祥符二年）、黎公（南宋度宗咸淳三年）	
仲由	东四位	先贤仲子	唐开元八年（720）	卫侯（唐开元二十七年）、河内公（宋大中祥符二年）、卫公（南宋度宗咸淳三年）	
卜商	东五位	先贤卜子	唐贞观二十一年（647）	魏侯（唐开元二十七年）、河东公（宋大中祥符二年）、魏公（南宋度宗咸淳三年）	
有若	东六位	先贤有子	唐开元二十七年（739）	卞伯（唐开元二十七年）、平阴侯（宋大中祥符二年）、平阴侯（南宋度宗咸淳三年）	乾隆三年（1738）升"十二哲"
冉耕	西一位	先贤冉子	唐开元八年（720）	郓侯（唐开元二十七年）、东平公（宋大中祥符二年）、郓公（南宋度宗咸淳三年）	
宰予	西二位	先贤宰子	唐开元八年（720）	齐侯（唐开元二十七年）、临淄公（宋大中祥符二年）、齐公（南宋度宗咸淳三年）	

姓　名	位　次	称　谓	从祀时间	历代追封	备　注
冉求	西三位	先贤冉子	唐开元八年（720）	徐侯（唐开元二十七年）、彭城公（宋大中祥符二年）、徐公（南宋度宗咸淳三年）	
言偃	西四位	先贤言子	唐开元八年（720）	吴侯（唐开元二十七年）、丹阳公（宋大中祥符二年）、吴公（南宋度宗咸淳三年）	
颛孙师	西五位	先贤颛孙子	唐开元二十七年（739）	陈伯（唐开元二十七年）、宛丘侯（宋大中祥符二年）、颍川侯（政和六年）、陈国公（南宋度宗咸淳三年）	南宋咸淳三年（1267）升"十二哲"
朱熹	西六位	先贤朱子	南宋淳祐元年（1241）	赠太师、封信国公（宝庆三年）、赠太师、封徽国公（绍定三年）、齐国公（元至正二十二年）	康熙五十一年（1712）升"十二哲"

四、阙里孔庙从祀先贤、先儒

（一）先贤（共 79 人，其中东庑 40 人，西庑 39 人）

姓 名	位 次	时 代	历代追封	备 注
公孙侨	东庑	东周	清咸丰七年（1857）	
林放	东庑	东周	唐开元二十七年（739）	明嘉靖改祀于乡，清雍正二年（1724）复祀。
原宪	东庑	东周	唐开元二十七年（739）	宋咸平加任城侯，明嘉靖改称先贤。
南宫适	东庑	东周	唐开元二十七年（739）	宋咸平加袭丘侯，明嘉靖改称先贤。
商瞿	东庑	东周	唐开元二十七年（739）	宋咸平加须昌侯，明嘉靖改称先贤。
漆雕开	东庑	东周	唐开元二十七年（739）	宋咸平加平舆侯，明嘉靖改称先贤。
司马耕	东庑	东周	唐开元二十七年（739）	宋咸平加楚丘侯，明嘉靖改称先贤。
梁鳣	东庑	东周	唐开元二十七年（739）	宋咸平加千乘侯，明嘉靖改称先贤。
冉孺	东庑	东周	唐开元二十七年（739）	宋咸平加临沂侯，明嘉靖改称先贤。
伯虔	东庑	东周	唐开元二十七年（739）	宋咸平加沐阳侯，明嘉靖改称先贤。
冉季	东庑	东周	唐开元二十七年（739）	宋咸平加诸城侯，明嘉靖改称先贤。
漆雕徒父	东庑	东周	唐开元二十七年（739）	宋咸平加高宛侯，明嘉靖改称先贤。
漆雕哆	东庑	东周	唐开元二十七年（739）	宋咸平加濮阳侯，明嘉靖改称先贤。
公西赤	东庑	东周	唐开元二十七年（739）	宋咸平加巨野侯，明嘉靖改称先贤。
任不齐	东庑	东周	唐开元二十七年（739）	宋咸平加当阳侯，明嘉靖改称先贤。
公良孺	东庑	东周	唐开元二十七年（739）	宋咸平加牟平侯，明嘉靖改称先贤。
公肩定	东庑	东周	唐开元二十七年（739）	宋咸平加梁父伯，明嘉靖改称先贤。

姓 名	位 次	时 代	历代追封	备 注
鄩单	东庑	东周	唐开元二十七年（739）	宋咸平加聊城侯，明嘉靖改称先贤。
罕父黑	东庑	东周	唐开元二十七年（739）	宋咸平加祁乡侯，明嘉靖改称先贤。
荣旂①	东庑	东周	唐开元二十七年（739）	宋咸平加厌次侯，明嘉靖改称先贤。
左人郢	东庑	东周	唐开元二十七年（739）	宋咸平加南华侯，明嘉靖改称先贤。
郑国	东庑	东周	唐开元二十七年（739）	宋咸平加朐山侯，明嘉靖改称先贤。
原亢	东庑	东周	唐开元二十七年（739）	宋咸平加乐平侯，明嘉靖改称先贤。
廉洁	东庑	东周	唐开元二十七年（739）	宋咸平加胙城侯，明嘉靖改称先贤。
叔仲会	东庑	东周	唐开元二十七年（739）	宋咸平加博平侯，明嘉靖改称先贤。
公西舆如	东庑	东周	唐开元二十七年（739）	宋咸平加临朐侯，明嘉靖改称先贤。
邦巽	东庑	东周	唐开元二十七年（739）	宋咸平加高唐侯，明嘉靖改称先贤。
陈亢	东庑	东周	唐开元二十七年（739）	宋咸平加南顿侯，明嘉靖改称先贤。
琴张②	东庑	东周	唐开元二十七年（739）	宋咸平加赠顿丘侯又改赠阳平侯，明嘉靖改称先贤。
步叔乘	东庑	东周	唐开元二十七年（739）	宋咸平加博昌侯，明嘉靖改称先贤。
秦非	东庑	东周	唐开元二十七年（739）	宋咸平加华亭侯，明嘉靖改称先贤。
颜哙	东庑	东周	唐开元二十七年（739）	宋咸平加济阴侯，明嘉靖改称先贤。
颜何	东庑	东周	唐开元二十七年（739）	宋咸平加唐邑侯，明嘉靖罢祀，清雍正二年（1724）复祀。
县亶	东庑	东周	清雍正二年（1724）	
牧皮	东庑	东周	清雍正二年（1724）	
乐正克	东庑	东周	清雍正二年（1724）	明嘉靖曾改称先儒，清雍正二年（1724）加先贤。

①曲阜阙里孔庙东庑木主作"旂"，《史记·仲尼弟子列传》作"旂"，《孔子家语·七十二弟子解》作"祈"。
②琴张，即琴牢，字子开，一字子张。其名见于《孔子家语·七十二弟子解》。《左传·昭公二十年》有孔子指教琴张的记载。《史记·仲尼弟子列传》无此人。

姓 名	位 次	时 代	历代追封	备 注
万章	东庑	东周	宋政和五年（1115）	宋政和加博兴伯，明嘉靖曾改称先儒，清雍正二年（1724）升为先贤。
周敦颐	东庑	宋	宋淳祐元年（1241）	明嘉靖改称先儒，清康熙（1642）升为先贤。
程颢	东庑	宋	宋淳祐元年（1241）	明嘉靖改称先儒，清康熙（1642）升为先贤。
邵雍	东庑	宋	宋咸淳三年（1267）	明嘉靖改称先儒，清康熙（1642）升为先贤。
蘧瑗	西庑	东周	唐开元二十七年（739）	宋咸平追封内黄侯，明嘉靖改祀于乡，清雍正二年（1724）复祀。
澹台灭明	西庑	东周	唐开元二十七年（739）	宋咸平加金乡侯，明嘉靖改称先贤。
公冶长	西庑	东周	唐开元二十七年（739）	宋咸平加高密侯，明嘉靖改称先贤。
宓不齐	西庑	东周	唐开元二十七年（739）	宋咸平加单父侯，明嘉靖改称先贤。
公皙哀	西庑	东周	唐开元二十七年（739）	宋咸平加北海侯，明嘉靖改称先贤。
高柴	西庑	东周	唐开元二十七年（739）	宋咸平加共成侯，明嘉靖改称先贤。
樊须	西庑	东周	唐开元二十七年（739）	宋咸平加益都侯，明嘉靖改称先贤。
商泽	西庑	东周	唐开元二十七年（739）	宋咸平加邹平侯，明嘉靖改称先贤。
巫马施	西庑	东周	唐开元二十七年（739）	宋咸平加东门侯，明嘉靖改称先贤。
颜辛	西庑	东周	唐开元二十七年（739）	宋咸平加阳谷侯，明嘉靖改称先贤。
曹邺[①]	西庑	东周	唐开元二十七年（739）	宋咸平加蔡侯，明嘉靖改称先贤。
公孙龙	西庑	东周	唐开元二十七年（739）	宋咸平加枝江侯，明嘉靖改称先贤。

①曲阜阙里孔庙西庑木主作"邺"，《史记·仲尼弟子列传》、《孔子家语·七十二弟子解》作"卹"。卹又作"恤"。曹邺，字子循，《史记·仲尼弟子列传》言少孔子五十岁，《孔子家语·七十二弟子解》有名无字。

姓　名	位　次	时　代	历代追封	备　注
秦商	西庑	东周	唐开元二十七年（739）	宋咸平加冯翊侯，明嘉靖改称先贤。
颜高	西庑	东周	唐开元二十七年（739）	宋咸平加雷泽侯，明嘉靖改称先贤。
壤驷赤	西庑	东周	唐开元二十七年（739）	宋咸平加邦侯，明嘉靖改称先贤。
公夏首	西庑	东周	唐开元二十七年（739）	宋咸平加巨平侯，明嘉靖改称先贤。
石作蜀	西庑	东周	唐开元二十七年（739）	宋咸平加成纪侯，明嘉靖改称先贤。
奚容蒧	西庑	东周	唐开元二十七年（739）	宋咸平加济阳侯，明嘉靖改称先贤。
后处	西庑	东周	唐开元二十七年（739）	宋咸平加胶东侯，明嘉靖改称先贤。
颜祖	西庑	东周	唐开元二十七年（739）	宋咸平加富阳侯，明嘉靖改称先贤。
句井疆	西庑	东周	唐开元二十七年（739）	宋咸平加滏阳侯，明嘉靖改称先贤。
秦祖	西庑	东周	唐开元二十七年（739）	宋咸平加鄄城侯，明嘉靖改称先贤。
县成	西庑	东周	唐开元二十七年（739）	宋咸平加武城侯，明嘉靖改称先贤。
公祖句兹	西庑	东周	唐开元二十七年（739）	宋咸平加即墨侯，明嘉靖改称先贤。
燕伋	西庑	东周	唐开元二十七年（739）	宋咸平加汧源侯侯，明嘉靖改称先贤。
乐欬	西庑	东周	唐开元二十七年（739）	唐赠昌平伯，明嘉靖改称先贤。
狄黑	西庑	东周	唐开元二十七年（739）	宋咸平加林虑侯，明嘉靖改称先贤。
公西蒧①	西庑	东周	唐开元二十七年（739）	宋咸平加徐城侯，明嘉靖改称先贤。
孔忠	西庑	东周	唐开元二十七年（739）	宋咸平加郓城侯，明嘉靖改称先贤。
颜之仆	西庑	东周	唐开元二十七年（739）	宋咸平加宛句侯，明嘉靖改称先贤。
施之长②	西庑	东周	唐开元二十七年（739）	宋咸平加临濮侯，明嘉靖改称先贤。
申枨	西庑	东周	唐开元二十七年（739）	宋咸平加文登侯，明嘉靖改称先贤。

①曲阜阙里孔庙西庑木主作"蒧"，《史记·仲尼弟子列传》作"蒧"，《孔子家语·七十二弟子解》作"减"，《史记索引》作"箴"。
②曲阜阙里孔庙西庑木主作"长"，《史记·仲尼弟子列传》、《孔子家语·七十二弟子解》作"常"。

姓 名	位 次	时 代	历代追封	备 注
左丘明	西庑	东周	唐贞观二十一年（647）	明嘉靖改称先儒，清雍正加称先贤。
秦冉	西庑	东周	唐开元二十七年（739）	宋咸平加新息侯，明嘉靖罢祀，清雍正复祀，称先贤。
公明仪	西庑	东周	清咸丰三年（1853）	
公都子	西庑	东周	清雍正二年（1724）	明嘉靖改称先儒，雍正加称先贤。
公孙丑	西庑	东周	清雍正二年（1724）	明嘉靖改称先儒，清雍正加称先贤。
张载	西庑	宋	宋淳祐元年（1241）	明嘉靖改称先儒。
程颐	西庑	宋	宋淳祐元年（1241）	明嘉靖改称先儒。

（二）先儒（共77人，其中东庑39人，西庑38人）

姓 名	位 次	时 代	历代追封	备 注
公羊高	东庑	东周	唐贞观二十一年（647）	宋咸平封临淄伯，明嘉靖改称先儒。
伏胜	东庑	汉	唐贞观二十一年（647）	宋大中祥符封乘氏伯，明嘉靖改称先儒。
毛亨	东庑	汉	清同治二年（1863）	
孔安国	东庑	汉	唐贞观二十一年（647）	
毛苌	东庑	汉	唐贞观二十一年（647）	
杜子春	东庑	汉	唐贞观二十一年（647）	
郑玄	东庑	汉	唐贞观二十一年（647）	明嘉靖九年改祀于乡贤祠，清雍正二年（1724）复祀。
诸葛亮	东庑	三国	清雍正二年（1724）	
王通	东庑	隋	明嘉靖九年（1530）	
韩愈	东庑	唐	宋元丰七年（1084）	
胡瑗	东庑	宋	明嘉靖九年（1530）	

姓　名	位　次	时　代	历代追封	备　注
韩琦	东庑	宋	清咸丰二年（1852）	
杨时	东庑	宋	明弘治八年（1495）	明弘治八年（1495）封将乐伯。
谢良佐	东庑	宋	清道光二十九年（1849）	
尹焞	东庑	宋	清雍正二年（1724）	
胡安国	东庑	宋	明正统二年（1437）	明成化二年（1466）封建宁伯。
李侗	东庑	宋	明万历四十七（1619）	
吕祖谦	东庑	宋	宋景定二年（1261）	元皇庆二年（1313）再次从祀。
袁燮	东庑	宋	清同治七年（1868）	
黄幹	东庑	宋	清雍正二年（1724）	
辅广	东庑	宋	清光绪三年（1877）	
何基	东庑	宋	清雍正二年（1724）	
文天祥	东庑	宋	清道光二十三年（1843）	
王柏	东庑	宋	清雍正二年（1724）	
刘因	东庑	元	清宣统二年（1910）	
方孝孺	东庑	明	清同治二年（1863）	
陈澔	东庑	元	清雍正二年（1724）	
薛瑄	东庑	明	明隆庆五年（1571）	
胡居仁	东庑	明	明万历十二年（1584）	
罗钦顺	东庑	明	清雍正二年（1724）	
吕柟	东庑	明	清同治二年（1863）	
刘宗周	东庑	明	清道光二年（1822）	
孙奇逢	东庑	明末清初	清道光八年（1828）	

姓 名	位 次	时 代	历代追封	备 注
黄宗羲	东庑	清	清光绪三十四年（1908）	
张履祥	东庑	清	清同治十年（1871）	
陆陇其	东庑	清	清雍正二年（1724）	
张伯行	东庑	清	清光绪四年（1878）	
汤斌	东庑	清	清道光三年（1823）	
颜元	东庑	清	民国八年（1919）	
穀梁赤	西庑	东周	唐贞观二十一年（647）	
高堂生	西庑	汉	唐贞观二十一年（647）	
董仲舒	西庑	汉	元至顺元年（1330）	明洪武年间封江都伯，成化二年（1466）追封广川伯，嘉靖年间改称先儒。
刘德	西庑	汉	清光绪三年（1877）	
后苍	西庑	汉	明嘉靖九年（1530）	
许慎	西庑	汉	清光绪元年（1875）	
赵岐	西庑	汉	清宣统二年（1910）	
范宁	西庑	晋	唐贞观二十一年（647）	明嘉靖九年（1530）改祀乡贤祠，清雍正二年（1724）复祀。
陆贽	西庑	唐	清道光六年（1826）	
范仲淹	西庑	宋	清康熙五十四年（1715）	
欧阳修	西庑	宋	明嘉靖九年（1530）	
司马光	西庑	宋	宋咸淳三年（1267）	元皇庆二年（1313）从祀。
游酢	西庑	宋	清光绪十八年（1892）	
吕大临	西庑	宋	清光绪二十一年（1895）	
罗从彦	西庑	宋	明万历四十二年（1614）	
李纲	西庑	宋	清咸丰元年（1851）	

姓 名	位 次	时 代	历代追封	备 注
张栻	西庑	宋	宋景定二年（1261）	元皇庆二年（1313）从祀。
陆九渊	西庑	宋	明嘉靖九年（1530）	
陈淳	西庑	宋	清雍正二年（1724）	
真德秀	西庑	宋	明正统二年（1437）	明成化二年（1466）封浦城伯。
蔡沈	西庑	宋	明正统二年（1437）	明成化二年（1466）封崇安伯。
魏了翁	西庑	宋	清雍正二年（1724）	
赵复	西庑	元	清雍正二年（1724）	
金履祥	西庑	元	清雍正二年（1724）	
陆秀夫	西庑	宋	清咸丰九年（1859）	
许衡	西庑	元	元皇庆二年（1313）	
吴澄	西庑	元	明宣德十年（1435）	明嘉靖九年（1530）罢祀，清乾隆二年（1737）复祀。
许谦	西庑	元	清雍正二年（1724）	
曹端	西庑	明	清咸丰十年（1860）	
陈献章	西庑	明	明万历十二年（1584）	
蔡清	西庑	明	清雍正二年（1724）	
王守仁	西庑	明	明万历十二年（1584）	
吕坤	西庑	明	清道光六年（1826）	
黄道周	西庑	明	清道光五年（1825）	
陆世仪	西庑	清	清光绪元年（1876）	
顾炎武	西庑	清	清光绪三十四年（1908）	
王夫之	西庑	清	清光绪三十四年（1908）	
李塨	西庑	清	民国八年（1919）	

五、明代释奠仪程①

国学先师释奠，钦遣重臣行礼，南雍则祭酒主之，是为献官，监属四员分献，御史监礼，祠部监宰，鸿胪引班，太常赞礼。其牲醴祭品皆出太常，前期十日移会诸司，前四日散斋，演乐，涤牲。礼卿、奉常、祭酒、司业，咸往观焉。部寺属官继之，博士书祝。祭前一日，致斋。奉常乘马，教坊司备乐，导送祝文祭品入庙。行一拜礼，诣彝伦堂，填献官职名。是晚，诣宰牲所省牲讫，回宿斋房。祭之日，五鼓，各官省视陈设，先上庙行一拜礼，候献官至以祭。其外郡国则以所在长官一员为献官，郡县佐及教官为分献官。或阙官，则以应贡生代。赞礼则诸生充之。观乐省牲斋宿皆于祭前一日，凡释奠祭服与社稷同，儒士陪祭者深衣幅巾。

一、陈设目

（一）**正坛**（按《会典》旧制，先师祭笾、豆各十。成化十二年，祭酒周洪谟奏准笾、豆各十二。嘉靖九年厘正笾、豆各十，去左笾糗饵，右豆酏食糁食）；

犊一（九体，外祭不用）、羊一（五体）、豕一（五体）；

登一，实以太羹（煮肉汁，不用盐、酱）；

铏二，实以和羹（以猪腰、羊脔肉造）；

笾十，实以形盐、藁鱼、枣、栗、榛、菱、芡、鹿脯、白饼（白面造）、黑饼（荞面造）；

---

① ［明］李之藻：《頖宫礼乐疏》卷 3，《景印文渊阁四库全书》，（台湾）商务印刷馆 1986 年版。之藻字振之，仁和人。万历戊戌进士，官至工部都水司郎中。

豆十，实以菁菹、芹菹、鹿醢、韭菹（以韭切去本末，取中四寸）、醓醢（猪肉酢，用盐、酒料物调造）、兔醢、笋菹、鱼醢、脾析（牛、羊百叶，切细，汤熟，盐酒造）、豚胉（猪肩上肉）；

簠二，实以黍、稷；

簋二，实以稻、粱；

篚一，实以制帛（坛东南，西向）；

共设酒尊三、爵三（献）、馔盘一、祝文案（坛西）、罍洗一、盥盆二（露台下东西向）；

（二）四配（四坛）

每坛羊一（五体）、豕一（五体）、铏二、爵三、簠二、簋二、笾十、豆十（今笾、豆各八）、篚一、馔盘一；

（三）十哲（东哲五位总一坛，西哲五位总一坛）

每坛共豕一（分五体每位一体）、篚一、爵三（献）、馔盘一、每位爵一、铏一、簠、簋各一、笾、豆各四；

（四）东庑（西庑同）

共豕（旧一，景泰六年增为三，解四十八分）、篚一、爵三、酒尊一、罍洗一、盥盆一、馔盘一；

每三位为一坛，簠、簋各一，笾、豆各四，爵四。

二、乐器目

钟十六、磬十六、柷一、敔一、建鼓一、搏拊二、琴六、瑟二、箫六、笙六、凤箫二、横笛六、埙二、篪二，翟、钥各四十八，麾一、引节二；

共乐生四十一人、舞生五十人、歌六人。

三、仪注

祭前一日，执事者设香案于牲房外。赞引者引献官常服。赞引唱：诣省牲所。唱：省牲（执事者牵牲于香案前过）。赞引唱：省牲毕（遂宰牲以毛血少许盛于盘。其余毛血以净器盛贮，祭毕埋之，是日观乐并习仪）。

正祭日，将行礼。起鼓初严（遍燃庭燎香烛）、鼓再严（乐舞生、执事者名序立于丹墀两傍）、鼓三严（赞引引各献官至戟门下立候）。通赞唱：乐舞生各就位（乐舞生各以序进立于殿庭奏乐之所，司节者分引舞生至丹墀东西两阶，各序于舞佾之位。司节在东，则退至东四班舞生之首。在西，则退至西四班舞生之首。相向立）。通赞唱：执事者各司其事（各执事亦各以序进就位讫）。通赞唱：陪祭官各就位（众官就位讫）。通赞唱：分献官各就位（各赞引引各分献官至拜位，各赞引退立东西讫）。通赞唱：献官就位（赞引引献官至拜位，赞引退立于献官东西两傍相向立讫）。通赞唱：瘗毛血（执事者捧毛血，正庙由中门出，四配东西哲由左右门出，两庑随之，瘗于坎，遂启俎盖）。通赞唱：迎神（舞生执羽龠，麾生举麾）。唱：乐奏《咸和之曲》（击柷作乐）。通赞唱：鞠躬拜，兴，拜，兴，拜，兴，拜，兴，平身（献官以下俱拜讫，麾生偃麾，乐尽栎敔）。通赞唱：奠帛行初献礼（捧帛者各捧帛，执爵者各执虚爵，赞引诣献官前）。唱：诣盥洗所（引献官至盥洗所，司盥者捧盆）。赞引唱：搢笏（献官搢笏，盥毕进巾）。赞引唱：出笏（献官出笏）。赞引唱：诣酒罇所（引献官至酒罇所）。赞引唱：司罇者举幂酌酒（执爵者以爵受酒，同捧帛者在献官前行。先圣帛爵由中门入，四配帛爵左门入，各于神案之侧，朝上立。赞引随引献官，亦由左门入）。唱：诣至圣先师孔子神位前（麾生举麾）。唱：乐奏《宁和之曲》（击柷作乐，赞引引献官至神位前）。唱：跪（献官跪）。唱：搢笏（献官搢笏，捧帛者转身西向跪进帛于献官右，献官接帛）。赞引唱：奠帛（献官献帛，以帛授接帛者，奠于神位前案上，执爵者转身，西向跪进爵于献官右，献官接爵）。赞引唱：献爵（献官献爵，以爵授接爵者，奠于神位前）。赞引唱：出笏（献官出笏）。赞引唱：俯，伏，兴，平身，诣读祝位（读祝位设于庙中香案前，赞引引献官至祝位，麾生偃麾，乐暂止，读祝者跪，取祝文退立于献官之左）。赞引唱：跪（献官并读祝者皆跪）。通赞随唱：众官皆跪（陪祭官俱跪讫）。赞引唱：读祝（读祝者读毕，仍将祝文跪置于祝案上，退堂西朝上）。赞引与通赞同唱：俯伏，兴，平身（麾生举麾，不唱。乐生接奏先未终之乐）。赞引唱：诣复圣颜子神位前（引献官至神位前）。唱：跪，搢笏（献官搢笏，捧帛者跪于献官右，进帛于献官，献官接帛）。赞引唱：奠帛（献官献帛，以帛授接帛者，奠于神位前案上，执爵者跪于献官右，进爵于献官，献官接爵）。赞引唱：献爵（献官献爵，以爵授接爵者，奠于神位前）。赞引唱：出笏（献官出笏）。赞引唱：俯，伏，兴，平身。赞引唱：诣宗圣曾子神位前（仪同复圣，但捧帛执爵者跪于献官左，进帛爵讫）。赞引唱：诣述圣子思子神位前（仪同前）。赞引唱：诣亚圣孟子神位前（仪同前）。通赞随唱：行分献礼（各赞引诣各分献官前）。同唱：诣盥洗所（各赞引引各分献官至洗所司盥者酌水）。赞引同唱：搢笏（各分献官搢笏，盥毕进巾）。赞引同唱：出笏（各分献官出笏）。赞引同唱：诣酒罇所（引各分献官诣酒罇所）。赞引同唱：司罇者举幂酌酒（各执爵以虚爵受酒，与捧帛者俱在分献官前，行各至堂及两庑神案之侧，朝神位立候正庙）。赞引唱：诣东哲、西哲、东庑、西庑神位前（各赞引引各分献官诣东哲、西哲俱由左门进，东庑、西庑各诣庑至神位前）。赞引同唱：跪。同唱：搢笏（献官并各分献官搢笏，东哲、东庑捧帛者转身跪于分献官右，西哲、西庑捧帛者跪于分献官左，进帛，分献官接帛）。赞引同唱：奠帛（分献官献帛，以帛授接帛者，奠于神位前案上，捧爵者转身进爵如进帛仪，分献官接爵）。赞引同唱：献爵（分献官献爵以爵授接爵者，献于神位前）。赞引同唱：出笏（各献官出笏）。赞引同唱：俯，伏，兴，平身。赞引同唱：复位（麾生偃麾柷敔，乐止，各赞引引各献官至原拜位立，执事者亦随至罇所立候）。通赞唱：行亚献礼（赞引诣献官前）。唱：诣酒罇所（引献官至酒罇所）。赞引唱：司罇者举幂酌酒（各执爵者以虚爵受酒，前行至庙如初献仪，赞引引献官亦由左门入）。赞引唱：诣至圣先师孔子神位前（麾生举麾）。赞引唱：乐奏《安和之曲》（击柷作乐，赞引引献官至神位前如初献献爵之仪，行礼讫。赞引引献官如前出至原位，麾生偃麾柷敔乐止）。通赞唱：行终献礼（赞引引献官并执事者，仪同亚献但麾生举麾）。唱：乐奏《景和之曲》（击柷作乐行礼，复位俱如初，惟执爵者不必出庙外，俱在庙内两傍立候彻馔，麾生偃麾柷敔乐止）。通赞唱：饮福受胙（进福酒者捧爵进福，胙者捧盘立于神位之东，又令一执事取正坛羊左肩胙，置于盘）。赞引唱：诣饮福位（饮福位乃读祝位也，又令二执事先立于庙内两傍，赞引引献官至饮福位，捧福酒、福胙者转身向西，立于献官傍，前庙内二执事行于献官西，与捧爵、捧胙者相对）。赞引唱：跪，搢笏（献官跪，搢笏，进福酒者跪于献官右，进爵于献官）。赞引唱：饮福酒（献官接酒饮讫，西傍接福酒者跪于献官左接爵，捧福胙者跪于献官右，进胙于献官）。赞引唱：受胙（献官接胙讫，西傍接福胙者跪于献官左，接捧胙，由中门出）。赞引唱：出笏（献官出笏）。赞引唱：俯，伏，兴，平身，复位（赞引引献官至原拜位）。通赞唱：鞠躬，拜，兴，拜，兴，拜，兴，拜，兴，平身（各官俱拜讫）。通赞唱：彻馔（麾生举麾）。唱：乐奏《咸和之曲》（击柷作乐，执事者各于神位前将笾豆稍移动，复立于原位，舞生直执其籥与翟同。司节者在东，进立于东一班舞生之首，在西者进立于西一班舞生之首，举节朝上，分引舞生于丹陛东西，序立相向。乐尽，麾生偃麾柷敔，乐止）。通赞唱：送神（麾生举麾）。唱：乐奏《咸和之曲》（击柷作乐）。通赞唱：鞠躬，拜，兴，拜，兴，拜，兴，拜，兴，平身（各官俱拜讫，乐尽，麾生偃麾，柷敔，乐止）。通赞唱：读祝者捧祝，进帛者捧帛（执事者各诣神位前，待读祝者先跪取祝文，捧帛者跪取帛，齐转身向外立）。通赞唱：各诣瘗所（正殿由中门出，四配十哲由左门出，两庑执事者取帛随班出）。唱：望瘗（麾生举麾）。唱：乐奏《咸和之曲》（击柷作乐，捧祝帛者过讫）。赞引唱：诣望瘗位（各赞引引献官、分献官、陪祭官至瘗所）。赞引唱：祝板一，帛一段数至九段（待焚讫，乐尽，麾生偃麾，乐止）。赞引通赞同唱：礼毕。

四、祝文

维某年岁次某甲子某月朔某日某甲子，某衙门、某官、某等，敢昭告于至圣先师孔子：惟师德配天地，道冠古今，删述六经，垂宪万世，兹惟仲（春秋），谨以牲帛醴齐、粢盛庶品，式陈明荐，以复圣颜子、宗圣曾子、述圣子思子、亚圣孟子配，尚飨。

五、祭祀榜文式

为祭祀事：照得某年某月初一日丁（阙）致祭至圣先师孔子。其供事并执事官员人等俱依例斋戒，至日行礼，毋得临期违误不便须至榜者计开：

一陈设乐器并乐舞生位：某（生员充之，后同）。

一省牲引赞：某，某。

一监宰煮并造羹醢官二员：某，某（太学用助教掌馔二员，外郡以生员充之）。

一监馔二员：某，某（太学用学正学录二员，外郡以生员充之）。

一提调瘗坎二名：某，某。

一正坛陈设并收及司香烛锁钥四名：某，某，某，某。

一东庑陈设并收及司香烛锁钥二名：某，某。

一西庑陈设并收及司香烛锁钥二名：某，某。

一监礼官二员：某官某，某（太学有御史二员，外郡无）。

一引班官二员：某，某（太学用序班二员，外郡无）。

一通赞：某，某。

一引赞：某。

正献官：某官某（太学钦遣，外郡以所在长官充之）。

一司执灯笼二名：某，某（太学用监生，外郡无）。

一司罇：某。

一罍洗：某。

至圣先师孔子：

一进帛并捧帛诣瘗坎：某。

一执爵三献彻馔捧馔诣瘗坎：某。

一读祝捧祝诣瘗坎：某。

复圣颜子：

一进爵并捧帛诣瘗坎：某。

一执爵三献并彻馔捧馔诣瘗坎：某。

（宗圣曾子、述圣子思子、亚圣孟子开列同前）。

东哲：

一引赞：某。分献官：某官某。

一进帛并捧帛诣瘗坎：某。

一执爵三献并彻馔捧馔诣瘗坎：某。

（西哲开列同前）。

东庑：

一引赞：某。

一司罇罍洗：某，某。

分献官：某官某。

一进帛并捧帛诣瘗坎：某。

一执爵三献并彻馔捧馔诣瘗坎：某。

（西庑开列同前）。

一进胙受胙：某。

一进爵受爵：某。

一司乐器祭器洗涤并收官一员：某（太学用助教，外郡生员充之）。

启圣祠：

正献官：某官某。

分献官二员：某官某，某。

右榜谕众通知

年　月　日

六、清代释奠仪程

（一）亲诣行礼①

先师位前帛一，牛一，羊一，豕一，登一，铏二，簠、簋各二，笾、豆各十，尊一，爵三，炉一，镫二。四配各帛一，羊一，豕一，铏二，簠、簋各二，笾、豆各八，爵三，炉一，镫二。东、西各尊一，十二哲各帛一，铏一，簠、簋各一，笾、豆各四，爵三，东、西各羊一，豕一，尊一，炉一，镫二。两庑二位共一案，每位爵一，每案簠、簋各一，笾、豆各四，东、西各羊三，豕三，尊三；统设香案二，每案帛一，爵三，炉一，镫二，牲载于俎，帛正位四配异筐，十二哲东西共筐，尊实酒，疏布、幂勺具。

崇圣祠正位前各帛一，羊一，豕一，铏二，簠、簋各二，笾、豆各八，爵三，尊一，炉一，镫二；四配各帛一，簠、簋各一，笾、豆各四，爵三；东、西各羊一，豕一，尊一，炉一，镫二；两庑东二案、西一案均簠、簋各一，笾、豆各四，每位爵一，东、西各帛一，羊一，豕一，尊一，炉一，镫二，俎、筐、幂勺具。

先祭一日，乐部设中和韶乐于大成殿外阶上，分左右悬。至日五鼓，銮仪卫陈②法驾卤簿于午门外。日出前六刻，太常卿诣乾清门告时。皇帝御祭服，乘礼舆出宫，前引后扈如常仪，驾发警跸，午门鸣钟③，法驾卤簿前导。不陪祀王公、百官咸朝服跪送。导迎鼓吹，设而不作。皇帝至庙门外降舆，赞引、太常卿二人恭导，由中门入，至更衣大次，少憩。太常卿奏请行礼，皇帝出大次，盥洗。赞引官恭导皇帝入大成中门，

①见［清］允裪等撰：《钦定大清会典》卷45，《景印文渊阁四库全书》，（台湾）商务印刷馆1986年版。
②《钦定国子监志》作"设"。据［清］文庆、李宗昉等纂修：《钦定国子监志》，光绪补刊本。下同。
③《钦定国子监志》作"钟鼓"。

由中阶入①殿中门，至拜位前，北向立。太常赞礼郎引分献官至阶下，夹甬道立，鸿胪官引陪祀王公，位②殿外阶上，百官位阶下，左右序立，均北面。

典仪官赞："乐舞生登歌，执事官各共乃职。"（以下自迎神至送神皆典仪官唱赞）

文舞六佾进，赞引官奏："就位。"

皇帝就拜位立，乃迎神。司香官奉香盘进。司乐官赞："举迎神乐，奏《昭平之章》。"（凡举乐皆司乐官唱赞）赞引官奏："就上香位。"

恭导皇帝诣先师香案前立。司香官跪进香，赞引官奏："上香。"皇帝立上炷香，次、三上瓣香。奏："复位。"皇帝复位。奏："跪拜，兴。"（以下行礼皆有奏）皇帝行二跪六拜礼，王公、百官均随行礼。奠帛，行初献礼。司帛官奉篚，司爵官奉爵进。奏《宣平之章》，舞羽龠之舞。司帛官诣先师位前跪献，三叩。司爵官诣先师位前立献，奠正中。皆退。分献官各诣四配、十二哲、两庑先贤先儒位前上香，奠献如仪。司祝至祝案前跪，三叩，奉祝版，跪案左，乐暂止。皇帝跪，群臣皆跪。司祝读祝毕，诣先师位前，跪安于案③，三叩退。乐作，皇帝率群臣行三拜礼，兴。行亚献礼，奏《秩平之章》④（舞同初献）。司爵官诣先师位前献爵，奠于左，仪如初献。行终献礼，奏《叙平之章》⑤（舞同亚献）。司爵官诣先师位前献爵，奠于右，仪如亚献。分献官以次毕献，均如初。乐止，文德之舞退。乃彻馔，奏《懿平之章》。

彻馔毕，送神，奏《德平之章》，皇帝率群臣行二跪六拜礼。有司奉祝、次帛、次馔、次香，恭送燎所。皇帝转立拜位旁，西向，候祝帛过，复位。乐作，祝帛燎半，奏："礼成。"恭导皇帝由大成中门出。

---

① 《钦定国子监志》作"升入"。
② 《钦定国子监志》作"位在"。
③ 《钦定国子监志》作"篚内"。
④ 《钦定国子监志》本句后多"舞羽龠之舞"。
⑤ 《钦定国子监志》本句后多"舞羽龠之舞"。

先是，皇帝入大成门大次时，赞引、太常赞礼郎二人引崇圣祠承祭官，太常赞礼郎引分献官均于祠门外东面序立，俟皇帝出大次，赞引引承祭官入祠左门，分献官随入。承祭官盥洗毕，引诣殿阶下正中，分献官以次序立于后，均北面。

典仪赞："执事官各共乃职。"（以下自迎神至送神皆典仪唱赞）

赞引官赞："就位。"

引承祭官就拜位立，乃迎神。司香奉香盘进，赞引官赞："就上香位。"

引承祭官升东阶，由殿左门入，诣肇圣王香案前立。司香跪奉香，赞引官赞："跪。"承祭官跪，一叩。赞："上香。"承祭官上炷香，次三上瓣香，一叩，兴。以次诣裕圣王、诒圣王、昌圣王、启圣王位前上香，仪同，赞："复位。"引承祭官退至殿左门，北面揖出（凡出殿门皆揖）。复位分献官各诣四配位、两庑从祀位前上香，如仪。皆复位。赞引官赞："跪叩，兴。"（以下行礼皆有赞）。承祭官行三跪九叩礼，分献官均随行礼。奠帛，行初献礼。执事生各奉篚、执爵进承祭官，入殿左门诣神位前跪，一叩，司帛跪奉篚，承祭官受篚拱举奠于案。司爵跪奉爵，承祭官受爵拱举奠于正中，一叩，兴，以次奠献毕。司祝至祝案前，三叩，奉祝版跪案左，承祭官诣读祝位，跪。司祝读祝毕，诣正中神位前，跪安于案，三叩退。承祭官行三叩礼毕，仍由殿左门出，复位分献官奠帛、献爵各如仪，皆复位次。亚献奠爵于左，次终献奠爵于右，四配两庑毕，献仪均与初献同。

彻馔送神，承祭官及分献官均行三跪九叩礼。执事生奉祝、次帛次馔、次香，恭送燎所。承祭官避立西旁东面，俟祝帛过，复位。引诣望燎位望燎，引承祭官退。

皇帝至庙门外，升舆，法驾卤簿前导。导迎乐作奏佑平之章。皇帝回銮，王公从各官以次退，不陪祀王公、百官于午门外跪迎。午门鸣钟，王公随驾入至内金水桥，恭候皇帝还宫。各退。

（二）遣官释奠仪注[①]

正祭日五鼓，各赴庙齐集。分献、陪祀各官由鸿胪寺官引至两旁门排班立。承祭官由左旁门入，于阶下行礼。太常寺赞引官、对引官、导承祭官至盥洗处，赞引官赞："盥洗。"承祭官盥洗毕，引至阶下立。陪祀各官由鸿胪寺官引至行礼处立。典仪官唱："乐舞生就位。执事官各司其事。陪祀、分献官各就位。"（文舞生执羽龠引进）。赞引官赞："就位。"承祭官就拜位立，分献、陪祀各官亦随后立。

典仪官唱："迎神。"司香官各奉香盘进。协律郎唱："迎神乐。奏《昭平之章》。"乐作，赞引官赞："就上香位。"司香官各就案旁立。赞引官导承祭官由东阶上，进殿左门。赞引官赞："诣至圣先师孔子位前。"承祭官至香案前立。赞引官赞："跪。"承祭官跪，行一叩礼，兴（不赞）。司香官跪进香。赞引官赞："上香。"承祭官立上炷香，三上瓣香毕。复一跪一叩，兴（不赞）。赞引官赞："诣复圣颜子位前。"跪叩上香如正位仪。次赞："诣宗圣曾子位前。"次赞："诣述圣子思子位前。"次赞："诣亚圣孟子位前。"跪叩上香，均如前仪。其十二哲分献官，俟承祭官诣亚圣案时，引至哲位前，跪叩上香，如承祭官仪。赞引官赞："旋位。"引承祭官、分献官至殿门北面一揖出，复位立两庑。分献官如十二哲分献官仪，齐至各位前上香毕，复位立。赞："跪，叩，兴。"承祭、分献、陪祀各官俱行三跪九叩礼，兴，乐止。

典仪唱："奠帛爵。行初献礼。"司帛官奉篚，司爵官奉爵进。协律郎唱："初献乐。奏《宣平之章》。"乐作，赞引官赞："就奠献位。"司帛、爵各就案旁立。赞引官导承祭官由东阶上，进殿左门。赞："诣

① ［清］文庆、李宗昉等纂修：《钦定国子监志》卷 26，光绪补刊本。参考［清］文庆、李宗昉等纂修，郭亚南等点校：《钦定国子监志》（上），北京古籍出版社 2000 年版，第 401—404 页。

至圣先师孔子位前。"承祭官至案前立，赞引官赞："跪。"承祭官跪，行一叩礼，兴（不赞）。赞引官赞："奠帛。"司帛官奉帛跪进，承祭官受帛，拱举立献。毕，赞引官赞："献爵。"司爵官奉爵跪进，承祭官受爵，拱举立献，奠于正中，行一跪一叩礼，兴（不赞）。赞引官赞："赴读祝位。"引承祭官就读祝位立。读祝官至祝案前，一跪三叩，捧祝版立于案左，乐止。赞引官赞："跪。"承祭官、读祝官、分献官、陪祀官俱跪。赞引官赞："读祝。"读祝官读毕，捧祝版至正位帛案前，跪，安帛箧内，三叩退。乐作，赞引官赞："跪，叩，兴。"承祭、分献、陪祀官俱行三叩礼，兴。赞引官赞："诣复圣颜子位前。"奠帛、献爵如正位仪。次赞："诣宗圣曾子位前。"次赞："诣述圣子思子位前。"次赞："诣亚圣孟子位前。"奠帛、献爵，均如前仪。其十二哲分献官，俟承祭官诣亚圣位时，引至哲位前，奠帛、献爵如承祭官仪。赞引官赞："旋位。"引承祭官、分献官至殿门北面揖出，复位，立两庑。分献官如十二哲分献官仪，齐至各位前，奠帛、献爵毕，复位，立，乐止。

　　典仪唱："行亚献礼。"司爵官奉爵进，协律郎唱："亚献乐，奏《秩平之章》。"乐作，赞引官赞："就献爵位。"司爵各就案旁立，赞引官引承祭官由东阶上，进殿左门，赞："诣至圣先师孔子位前。"承祭官至案前立。赞引官赞："跪。"承祭官跪，行一叩礼，兴（不赞）。赞引官赞："献爵。"司爵官奉爵跪进，承祭官受爵，拱举立献奠于左，一跪一叩，兴（不赞）。赞引官赞："诣复圣颜子位前。"跪叩献爵如正位仪。次赞："诣宗圣曾子位前。"次赞："诣述圣子思子位前。"次赞："诣亚圣孟子位前。"跪叩献爵，均如前仪。其十二哲分献官，俟承祭官诣亚圣位时，引至哲位前，跪叩献爵如承祭官仪。赞引官赞："旋位。"引承祭官、分献官至殿门北面揖出，复位立两庑。分献官如十二哲分献官仪，齐至各位前，跪叩献爵毕，复位立。乐止。

典仪唱："行终献礼。"司爵官奉爵进，协律郎唱："终献乐。奏《叙平之章》。"乐作，赞引官赞："就献爵位。"司爵各就案旁立，承祭官及分献官跪叩献爵，俱如亚献仪，爵奠于右。赞引官赞："旋位。"承祭官、分献官各复位立，仪如亚献。乐止，文舞生行一跪一叩礼，立执旌节引退，于两旁立。

典仪唱："赐福胙。"赞引官赞："诣受福胙位。"引承祭官至殿内立。捧福胙二员捧至正位案前，拱举至受福胙位右旁跪，接福胙二员左旁跪。赞引官赞："跪。"承祭官跪。赞引官赞："饮福酒。"承祭官受爵，拱举授接福官，接福官退。赞引官赞："受胙。"承祭官受胙，拱举授接胙官，接胙官退。赞引官赞："叩，兴。"承祭官三叩，兴。赞引官赞："旋位。"引承祭官复位立，行谢福胙礼。赞引官赞："跪，叩，兴。"承祭、分献、陪祀各官俱行三跪九叩礼，兴。

典仪官唱："彻馔。"协律郎唱："彻馔乐。奏懿平之章。"乐作，彻讫，乐止。

典仪唱："送神。"协律郎唱："送神乐，奏《德平之章》。"乐作，赞引官赞："跪，叩，兴。"承祭，分献，陪祀各官俱行三跪九叩礼，兴。乐止，典仪官唱："捧祝帛，馔香，恭送燎位。"司祝、司帛官生至各位前，一跪三叩，捧起。祝在前，帛次之。捧馔香官生跪（不叩）。捧起，在后。俱由殿中门、中道出，以次送至燎位。承祭官退至西旁立，候祝、帛、馔香过，仍复位立。数帛官数帛，典仪官唱："望燎。"乐作。赞引官赞："诣望燎位。"导承祭官至望燎位。祝帛焚半，赞引官赞："礼毕。"各退。

谨案：雍正十年以前，释奠仪注无上香礼，余同今仪。

七、孔子故里曲阜"公祭孔子大典"仪程

（以 2006 年"同根一脉 · 两岸祭孔"为例）

一、取土取水仪式

1、时间：

9 月 22 日

2、地点：

尼山夫子洞

3、程序：

以夫子洞为背景，以一百零八面大旗（七十二面祭祀大旗，三十六面龙凤旗）为衬托，七十二名演员庄严肃立于尼山孔庙棂星门前。

参加人员：曲阜市市长，曲阜市各部门（单位）负责人，新闻记者。

（1）庄严、凝重的音乐声中，与祭人员由棂星门步入夫子洞广场。

（2）夫子洞前，主持人宣布取土、取水仪式开始。

（3）两名男子以特制盛具从夫子洞中取出圣土，置于高台上香案。

（4）两名女子以特制盛具从圣水潭取出圣水，置于高台上香案。

（5）曲阜市市长走上夫子洞广场高台，诵读《尼山取圣土圣水祈天地文》：

　　天穹苍苍，地堮茫茫。苍生万物，化育何方。有盘古，天地开。有女娲，生灵长。感恩上苍，赐我水土。水为生命之舟，土为生命之所，人乃自然之子。自古在昔，万世莫报。皇天后土，唯此唯大！

　　华夏之隅，大海之滨。天地合力起，横空举泰沂，力舒出

平原。三皇五帝征蛮荒，上古三代薪火传。礼崩乐坏春秋世，大厦将倾日月黯。天行大道降仲尼，地择净土孕尼山。若无尼山毓圣，何启万代民智？我谓尼山神祇，其功何其伟哉！

先师怀仁爱之心，报用世之志，倡仁政德治，栖栖一生，却不曾见用于庙堂之高。然苦难不易其志，辛酸不改其乐，奔走天地之间以尽天命，游戏山水之中修人格大美。洋洋乎登泰山而小天下，逸逸乎浴于沂而风舞雩，荡荡乎观五川而喟叹。若无山水之美，先师何以感应天地，观照生命？若无山水之乐，先师何以抚平心灵之痛，长歌当空？我谓圣地山水，其善何其大焉！

天地旋，光阴转。星斗移，越千年。今日尼山，秋叶正黄，玉宇澄清。夫子洞前，角鼓相鸣，旌旗烈烈；颂辞穆穆，万舞笙歌。先师诞辰在即，圣城民众面谒尼山，祈圣土圣水。一坛告祭，常伴先师；一坛赠台，昭示天下。炎黄子孙，勿忘烈祖。同根同源，同文同宗。炎黄子孙，受命东方。勿懈勿离，大任无疆。

圣地动土，此心可鉴。特祈天地，佑我中华。

谨此拜闻。

（6）祭祀人员以高台为中心，跳起带有原始风韵和祭祀风格的舞蹈。
（7）曲阜市市长护送圣土圣水至阙里孔庙。

二、朝圣之路

1、时间：

9月28日上午

2、地点：

阙里孔庙前大成桥至神道路南首

3、程序：

九辆马车于大成桥南首东侧一字排开。

音乐启动。载有圣土圣水的马车在前，九辆马车在七十二面祭祀大旗护送下，向万仞宫墙行进。

马车经过孔子研究院和论语碑苑时，小学生排列路旁诵读《论语》章句，在诵读声伴随中，车队抵达神道路南首。

三、迎土迎水、开城仪式

1、时间：

9月28日上午

2、地点：

神道路南首至万仞宫墙

3、程序：

阙里孔庙神道路上，万仞宫墙下，旌旗摇曳，古灯高悬。

二五五七名各界代表在万仞宫墙等候。

音乐切入，主祭队伍在神道路南首下马车，马车由祭祀大旗护送，从神道路两侧道路进入。主祭队伍由中道步行，共同在朝圣的路上走向万仞宫墙。

钟声响起，祭孔大典开篇词穿透时空，娓娓诉来：

千年风云，万里幻化，一切征象，瞬间虚归于无尽空际。

钟声、鼓声，凝聚着天地间的神奇，响彻在东方圣城上空，传向亘古的时空……

这，跳跃在古往今来的拙朴音符，带领我们拂去岁月的苍茫，一起回望那段震古烁今的辉煌……

澄宇开，虹霁合，一个青松般的身影，千秋凛然！他的人格魅力，他的思想言行，风范万世而不衰；由他开启的人文原点，犹如一盏明灯，光耀千古而不灭。带着远古的呼唤，带着对民生的无限眷恋，塑造着人性的尊严！

这就是我们心中共同的"圣人"。让我们一起踏上纪念先哲的朝圣之路吧，来追怀这位伟大的思想家、教育家！

乐舞生及仪仗队伍从万仞宫墙东西两掖门出，沿明故城城墙，分别进入万仞宫墙前指定位置。

舞蹈（《诗经》意境）。

主持人宣布台北孔庙赠送祭器送到，曲阜阙里孔庙代表接受祭器。

音乐转换，城门洞开，武士队伍以整齐的队列走出万仞宫墙，护卫孔庙仪式表演。

载有圣土圣水的马车驶至万仞宫墙前广场。

曲阜市长浴手，接圣土圣水，交台湾代表。

开城迎宾词：

曲阜 一座因孔子而不朽的城市

人类穿过历史迷雾

经常回望的精神故园

在这里 孔子

构建了博爱的哲学世界

赋予曲阜特有的文化品格和生命色彩

沧海桑田 物换星移

如日月之轮回

孔子及儒家文化的命运

也在历史的波涛中沉浮

迷茫中　蓦然回首

孔子和曲阜又一次回到了全人类的视野之中

万仞宫墙

曾是孔子思想的象征

从这里走进曲阜

就跨进了中国的门槛

走进了一代哲人的心灵

今天

孔子故里曲阜

以开城仪式这种特殊的方式

表达她的深沉和热情

欢迎来自五洲四海的宾朋

让我们相聚在东方圣城

为文化而感动

为和平而祈祷

为未来而祝福

　　音乐起，万仞宫墙大门徐徐洞开。主祭领导、学生队伍、二五五七名代表步入万仞宫墙。

四、开庙仪式

主祭队伍过阙里孔庙金声玉振坊到圣时门前，二五五七名代表分别由"德牟天地""道冠古今"两坊入。

画外音：

人类要在 21 世纪生存下去，必须回首二千五百年前，从孔子那里寻找智慧。在崇尚人文回归、以德治国的今天，先师孔子诞辰二五五七年之日，让我们一起走近孔子。

千年礼乐归东鲁，万古衣冠拜素王。千百年来，无数个朝拜者来到孔庙，追风圣贤，感怀历史，虔诚朝圣。

请各位来宾整理衣冠，庄然肃立，现在开庙！

现场鸣锣三响。

神圣的音乐声中，圣时门徐徐开启。主祭队伍在花篮仪仗队的导引下，祭祀参礼代表在参礼旗的导引下，依次进入孔庙院落。

主祭队伍始终由中路行进，其余代表从璧水桥开始，从两侧掖门行进，直至进入大成殿院落。

五、公祭大典

悠远、深沉的音乐声再次响起。公祭人员、乐舞生等相关人员在大成门前依次按指定位置就位，全体肃立。

鸣赞唱："主祭官就位！"

鸣赞唱："启户！"

礼生将殿庑诸门一时俱开，庭燎、门户吊灯俱燃。

仪仗队抬花篮引导，主祭队伍进大成门至杏坛北侧停下。

主持人："2006海峡两岸同祭孔·曲阜孔庙公祭孔子大典现在开始。"

八佾乐舞：

第一章《天人合一》

天地玄黄，宇宙洪荒。民胞物与，泛爱八方。

生生不已，盛德无疆。天人合一，道谐阴阳。

程序一：敬献圣土圣水。

执事手捧圣土圣水，与曲阜市长从大成殿前台阶，将水、土、祭器敬献至大成殿门前，三鞠躬。

鸣赞唱："起乐！——奏《诗经·商颂》篇。"

程序二：敬献花篮

乐毕，敬献花篮。仪仗队抬花篮从大成殿前台阶（东侧）上大成殿，相关人员随花篮行进。

献毕，由导引人员引导，从西侧下大成殿，在杏坛前就位。

敬献花篮与佾舞结合进行。

第二章《与时偕行》

乾坤不老，日月无殇。泱泱华夏，屹立东方。

元亨利贞，与时行将。继往开来，永新此邦。

第三章《万世师表》

三代巨典，六经华章。金声玉振，万仞宫墙。

博文约礼，教化其张。尊师重道，斯文永昌。

第四章《为政以德》

人文化成，礼乐相襄。仁义礼智，至德煌煌。

君子德风，万民慕仰。德主刑辅，纲纪有常。

第五章《九州重光》

躬逢盛世，国运隆昌。海晏河清，王道弥芳。

一阳来复，九州重光。和平崛起，远迈汉唐。

献花篮毕。

程序三：恭读祭文

山东省负责人从大成殿前台阶上，侍应生呈祭文上。

鸣赞唱："起乐！奏《诗经·周颂》篇。"

恭读祭文。

岁在丙戌，节届仲秋，先师诞辰，二五五七。曲阜人民，孔子后裔，两岸同胞，四海宾朋，大成殿前，肃穆祭孔。文曰：

洙泗流带，沃野万垄。尼峄滴翠，回峰千重。

白云舒卧，紫霞纵横。红缠杏坛，绿掩碑亭。

古城墉堞，圣庙龙腾。诞圣吉日，鼓乐奏鸣。

嘉卉六醴，果饼三牲。童子俎豆，耄耋礼容。

同根一脉，两岸祭孔。共缅先师，追远慎终。

志道据德，心正意诚。节用爱民，修齐治平。

为政北辰，身正令行。见利思义，后凋寒松。

近悦远来，躬身自省。博文约礼，弘毅任重。

己所不欲，勿施人行。仁义宅居，诚信韧衡。

忠孝首善，礼法持恒。中道不倚，恕道宽容。

以和为贵，华夏一统。乾坤氲氤，和谐化生。

天和雨行，地和物丰。家和事兴，国和人定。

万邦和谐，世界和平。遗训在耳，发聩振聋。

高山仰止，桴海道兴。联合国奖，以孔命名。

亘古首届，文教巅峰。百所学院，遍及九瀛。

黄发碧目，学在泮宫。五洲四海，章甫诵经。

赞誉远播，天下服膺。故里乡亲，蹈德践行。

幼学长教，老养壮用。诚信工商，让畔桑农。

居如图藻，行掣电风。盛世再现，小康初成。

天枹击鼓，海钹震庭。河山舞姿，日月霓虹。

龙飙鳞爪，凤鸶翼翀。魂兮归来，又梦大同。

伏惟尚飨！

主持人："全体代表向至圣先师孔子三鞠躬。"

"一鞠躬！再鞠躬！三鞠躬！礼毕"！

乐舞第六篇章：

第六章《天下大同》

讲信修睦，贤能其当。无争无战，美善斯扬。

修齐治平，三光永光。天下大同，协和万邦。

程序四：《论语》诵读

五百名小学生诵读《论语》章句，《读〈论语〉，诵和风》乐舞

程序五：成人礼
八十名学生走上大成殿露台，面南站立。
成人礼毕。

画外音：

　　穿过丝竹雅乐、氤氲香火，溯望两千五百年前的中华大地，我们伟大的人本主义者孔子，这颗摆脱"个人"束缚的伟大心灵，这位不屈从于现实、直道而行的人，坚毅地走在了时代的最前方，用满腔的热忱凝视着天地众生，为每个人、为人类社会提供了通贯过去、现在和未来的宝贵探索，化为全人类必须回首的智慧源泉。

　　今天，鲜花雅乐、钟鼓齐鸣，告慰先师孔子的在天之灵，虔诚面对着孔夫子永生探求的理想境界，面对着孔老夫子平和中的沉静，沉静中的阔达……

程序六：儒商誓词
百名儒商代表登上大成殿，宣读誓词。
央视直播结束。

六、家祭
按照明代祭祀程序安排。

八、曲阜阙里孔庙"公祭孔子大典"祭文

（2004—2016）

甲申年（2004）"公祭孔子大典"祭文
撰文：杨佐仁

维公元二〇〇四年九月二十八日，岁在甲申，节届中秋，先师孔子诞辰二千五百五十五年，曲阜各界代表、海内外宾朋、孔子后裔，肃立大成殿前，谨以鲜花雅乐，恭祭先师孔子。文曰：

文圣吾祖，恩泽海宇。千古巨人，万世先师。

欣逢盛世，物阜民熙。高岸秀木，惟恐失序。

居安思危，重振纲纪。以德治国，德法兼济。

幸赖圣儒，万代垂仪。道贯古今，德侔天地。

杏坛春晖，泮池桃李。三坟五典，六经古籍。

薪火传承，百代不熄。而今吾辈，见贤思齐。

任重道远，弘扬承继。依仁志道，据德游艺。

仁为己任，见利思义。中和至德，过犹不及。

和协万邦，摒弃暴戾。刚健有为，自强不息。

与时偕进，创新活力。清风遍拂，神州万里。

群情振奋，勃发骐骥。文化名城，通衢如砥。

碧树花团，芬苾争奇。百业兴隆，日新月异。

近悦远来，治平修齐。老养壮用，兆民甘饴。

儒风犹在，先圣故里。慎终追远，奋吾国赟。

继往开来，同德凝聚。东方巨龙，吼啸腾起。
四海擎天，有吾一臂。长鲸吞吐，丹凤鼓翼。
揽月追日，神舟环宇。告慰先祖，盛世在即。
大同世界，四海兄弟。世界和平，假年可期。
伏惟尚飨，为祷为祈！

乙酉年（2005）"公祭孔子大典"祭文
撰文：杨佐仁

维公元二〇〇五年九月二十八日，岁次乙酉，孔子诞辰二千五百五十六年，曲阜市各界人士、海内外宾朋、孔子后裔，满怀崇敬之情，谨备鲜花雅乐，恭祭我中华先师。其文曰：

海右山东，岱南奎星。垣墙环抱，岸柳梳拢。

玉树攀云，紫叶吟虹。水含苔浦，草铺莺鸣。

歌动八垠，舞牵九瀛。全球祭孔，五州同风。

设奖开坛，薪火传承。春秋绝笔，诗礼趋庭。

植桧葳蕤，宅井鸿濛。高山景行，杏坛筵盈。

文脉緜延，海域再兴。百所学院，有孔命名。

千年儒流，今古汇通。天人合一，与时偕行。

仁者爱人，和而不同。阴阳和谐，执两用中。

和生万物，万物和兴。天道和运，地势和行。

家国和睦，世界和平。圣城曲阜，物阜文丰。

华夏标志，百里新城。政通人和，德道常青。

小康初成，大同在梦。欣逢盛世，强国威风。

宝岛盼归，华夏一统。旭日中天，巨龙飞腾。

鲲犁碧海，鹏登蟾宫。四海翘首，八方叹惊。

继往开来，待我后生！伏维尚飨！

丙戌年（2006）"公祭孔子大典"祭文
撰文：杨佐仁

岁在丙戌，节届仲秋，先师诞辰，二五五七，曲阜人民，孔子后裔，
两岸同胞，四海宾朋，大成殿前，肃穆祭孔。文曰：

洙泗流带，沃野万垄。尼峄滴翠，回峰千重。
白云舒卧，紫霞纵横。红缠杏坛，绿掩碑亭。
古城墉堞，圣庙龙腾。诞圣吉日，鼓乐奏鸣。
嘉卉六醴，果饼三牲。童子俎豆，耄耋礼容。
同根一脉，两岸祭孔。共缅先师，追远慎终。
志道据德，心正意诚。节用爱民，修齐治平。
为政北辰，身正令行。见利思义，后凋寒松。
近悦远来，躬身自省。博文约礼，弘毅任重。
己所不欲，勿施人行。仁义宅居，诚信轫衡。
忠孝首善，礼法持恒。中道不倚，恕道宽容。
以和为贵，华夏一统。乾坤氤氲，和谐化生。
天和雨行，地和物丰。家和事兴，国和人定。
万邦和谐，世界和平。遗训在耳，发聩振聋。
高山仰止，桴海道兴。联合国奖，以孔命名。
亘古首届，文教巅峰。百所学院，遍及九瀛。
黄发碧目，学在泮宫。五洲四海，章甫诵经。
赞誉远播，天下服膺。故里乡亲，蹈德践行。
幼学长教，老养壮用。诚信工商，让畔桑农。

居如图藻，行掣电风。盛世再现，小康初成。
天枹击鼓，海钹震庭。河山舞姿，日月霓虹。
龙飙鳞爪，凤翥翼翀。魂兮归来，又梦大同。
伏惟尚飨！

丁亥年（2007）"公祭孔子大典"祭文

撰文：杨佐仁

清风送爽，海晏河清。国泰民安，举国欢腾。时逢中华文化先祖孔子诞辰二千五百五十八周年，海内外宾朋，世界各地华人华侨，港澳台同胞，谨备鲜花礼乐，肃立于曲阜孔庙大成殿前，恭祭孔子诞辰。其文曰：

海右山东，岱南奎星。圣诞吉日，鼓乐奏鸣。

黄河讴歌，泰山挺松。飞泉漱液，嘉卉吐红。

日月增光，齐鲁夸荣。西振河源，东澹海瀛。

北动玄土，南耀朱岭。环球华裔，额首隆庆。

侨胞同胞，根连脉通。亚非欧美，百校名孔。

奥林匹克，喜临京城。五洲四海，睹我雄风。

大同非梦，人类有情。圣哲先导，万邦风从。

我辈协力，盛世太平。风发飙扬，矗拂云中。

天地人和，万物繁盛。与时偕进，和谐化生。

天和雨顺，地和物丰。家和事兴，国和人定。

仁者爱人，和而不同。忠孝首善，修齐治平。

为政以德，气正风清。见利思义，躬行自省。

政通人和，德道常青。农工商旅，百业同兴。

教科文卫，人本民生。生态环保，天人一行。

原隰郁茂，畎浍流清。芳草绿堤，粳谷盈丰。

城如蜃楼，货殖纵横。翰墨奋藻，学子书英。

大国崛起，自强不陵。一飞冲天，华夏振兴。

励精图治，众志成城。万代功业，待我后生！

伏惟尚飨！

戊子年（2008）"公祭孔子大典"祭文
撰文：金庸

岁在戊子，节届国庆，时逢中华文化先祖孔子诞辰二千五百五十九年，海内外宾朋，港澳台同胞，世界各地华人华侨，谨备鲜花礼乐，肃立于济宁市曲阜孔庙大成殿前，恭祭夫子诞辰，文曰：

清风送爽，海晏河清。国泰民安，举世欢腾。

北京奥运，万邦风从。五洲四海，睹我雄风。

世界同运，人类一梦。中华崛起，国和人定。

为政以德，气正风清。有教无类，修齐治平。

国之将兴，听命于民。博我以文，删正六经。

述而不作，信而好古，为之不厌，不倦诲人。

今我立国，秉承遗教：忠孝首善，礼法持恒。

中道不倚，和恕宽容，以和为贵，华夏一统。

万邦和谐，世界和平。盛世再现，小康初成。

见利思义，仁为己任，中和至德，自强不息。

生态环保，天人一行。夫子圣教，百代维新。

孜孜不懈，永秉传承。伏惟尚飨！

己丑年（2009）"公祭孔子大典"祭文
撰文：范增

周室颓隳，礼乐废弛，九州失驭。战伐出于诸侯，列国窥窃神器。

春秋之末，仲尼起于陬邑，感万方之多难，乃驰驱以宣教。冀辅弼于乱世，欲敦厉于黎庶。然则宫寝邈远，王者不悟。有楚狂接舆歌而过之，痛詈凤德之衰，切悲庙堂之殆。往者不谏，来者可追，孔子乃归鲁，不复出游。

述而不作，非谓徒托空言，追往事，思来者，悬明镜而作《春秋》，立极则以昭万代。凤鸟不至，河图不出，忧古道之不彰也；久矣吾不复梦见周公，伤往哲之益远也。遂力倡仁恕中和之道，克己复礼之德。

播雨杏坛，天下士赴之如万类之附麟凤。若颜渊、子路、公冶长、有子、子张、子贡、曾子七十二贤列坐其次，三千学子，相望于道。仲尼自云：吾少也贱，故多能鄙事。乃谆谆以告诸君子，知任重而道远，期弘毅以自励。世幽昧以炫耀，独好古而敏求。视富贵如浮云，思贤若渴，闻义即徙。不降其志，不辱其身。夫子者，其集微子、箕子、比干之懿德嘉行于一身者也。世人以夫子为木铎，非无由也。颜渊喟然而叹曰："仰之弥高，钻之弥坚，瞻之在前，忽焉在后"，是高弟子之敬仰，亦足为万代所共祀者也。荆玉含宝，幽兰怀馨，此孔学之无尽藏也。

延越百余载，孟子起于邹而倡义，与孔子之倡仁相辅佐。又越三百载，汉武独崇儒术，乃有毛亨、郑玄之辈为之诠，董仲舒之属演其说。再越千二百年，南宋理宗朝濂、洛、关、闽之学，勉心景迹，遂成大观，共祭诸孔庙。更越千载，日月虽迈，诵说犹馨，百川竞乎孔子之门庭，孔学之克守，于今愈胜。孔子学院，遍列全球，蔚为人类文化之奇观。

世变事异，而孔学不衰者，以"仁者爱人""先欲达人"为龟勉天下之襟抱；"己所不欲，勿施于人"则厚望瀛海以高节。唯和衷以共济，讲信而修睦。此足称万国邦交之极则，亦各族和谐之宏观。遗训虽远，践行在迩，岁寒松柏，历千万龄而不凋，其非孔子博怀之远猷，而周瞻之大略欤？

巍巍陵寝，郁郁巨柏，云霄万古，黛色参天。仰瞻烟霞，伏增肃敬，焚香再拜，赋以永祷。

庚寅年（2010）"公祭孔子大典"祭文
撰文：许嘉璐

　　维公元二〇一〇年先师孔圣夫子诞日，谨备时蔬玄酒，雅乐升舞，恭奠于大成殿阶下，肃拜追远，上达夫子暨诸先哲先贤。其辞曰：

吾国文明，渊源何远！洪荒无征，蒙昧万年。

既历三皇，五帝相衔。贤哲冥思，归之鬼天。

吾侪何来？终将何还？何者为福？何者为善？

生应何求？何为圣贤？茫茫长夜，踽踽盘桓。

逮及文武，民听达天。周公制礼，明德尚贤。

享祚八百，维系血缘。尾渐不掉，王室东迁。

霸者问鼎，逐鹿中原。强则陵弱，富者欺寒。

悖逆诈伪，淫佚兴乱。岁岁征伐，竟无义战。

呜呼夫子，生悯人寰。少贱多能，屡经磨练。

复礼兴乐，欲挽狂澜。己立立人，孝弟唯先。

修齐治平，悦迩来远。游说列国，不惧厄难。

杏坛论学，大同是盼。人心驱霾，晨曦乍现。

道虽不行，学统绵绵。与时俱进，巨匠迭见。

孟轲弘发，荀卿敷衍。董生继后，道法兼含。

南北一统，合而有辨。孔贾拘守，昌黎呐喊。

迄宋大兴，如日中天。程朱相续，周张并肩。

出入佛道，孔孟真传。人参天地，敬而自反。

天理良心，理学体完。知行合一，世界峰巅。

沉沉浮浮，倏尔千年。伟哉中华，千劫万艰。

百折不挠，国泰民安。环顾全球，熙攘纷乱。

一如春秋，冲突不断。弱肉强食，贪欲泛滥。

嗟我夫子，所述皆验。文明对话，五洲共愿。

仁恕之道，日益播散。促进和睦，中华奉献。

谨此上达，慰我圣贤。伏惟尚飨！

辛卯年（2011）"公祭孔子大典"祭文
撰文：杨朝明

维公元二〇一一年九月二十八日，岁在辛卯，至圣先师孔子二千五百六十二年之诞辰，海内外宾朋，港澳台同胞，以虔诚之心、尊崇之意、敬仰之情，谨备蔬果鲜花，献以乐舞，肃立恭拜，告祭于夫子暨诸圣哲贤儒。其文曰：

煌煌中华，郁郁文明。唐虞稽古，夏商乂宁。

文武周公，天下景从。嗟我夫子，降诞昌平。

少贱鄙事，博学多能。通天之德，旁彻物情。

金声玉振，爰集大成。乾坤并立，日月代明。

阴阳合和，万物蒸蒸。首出庶物，人为秀灵。

礼自外作，乐由心生。好恶有节，敬德怀刑。

言则忠信，行则笃敬。和而不流，与时偕行。

为政以德，仁爱百姓。举直措枉，尚贤使能。

知民之欲，察民之情。富而后教，德化流行。

远来近悦，万邦咸宁。大哉夫子，既圣且明，

出类拔萃，卓乎独盛。垂仪立极，百代同宗。

三千弟子，惟道是弘。章句汉唐，义理宋明。

远播欧美，泽及亚东。夫子精华，代代相承。

秋高气爽，玉宇澄清。社会祥和，物阜民丰。

巍巍神州，荡荡德风。仁爱诚信，中华魂灵。

济济多士，众志成城。融古铸今，中西会通。

而今而后，乃昌乃隆。炎黄子孙，祈祥鞠躬。

四海一家，天下大同！伏惟尚飨！

壬辰年（2012）"公祭孔子大典"祭文
撰文：董金裕

维公元二〇一二年九月二十八日，欣逢孔圣二千五百六十三年诞辰纪念，我中华各族群同胞，以及国际嘉宾良朋，缅怀盛德伟业，以虔诚之心、景仰之情，谨备鲜花美果、佾舞雅乐，敬献于曲阜孔庙大成殿暨两庑，告祭大成至圣先师与夫诸圣哲贤儒。其辞曰：

天地设位，人在其中。天行刚健，地道宽弘。

品物流形，化育功隆。人禀五常，灵秀所锺。

法天之德，效地之用。赞之参之，与之同功。

唯我夫子，博通世务。上应天时，下顺风土。

远宗尧舜，近法文武。删述六经，以教生徒。

循序而进，孜孜矻矻。成德达材，栽培无数。

仁道思想，众德汇涵。明德亲民，止于至善。

推己及人，是为其方。礼以行之，益加发扬。

华夏文明，赖以发皇。驯致大同，协和万邦。

与时俱进，弥足珍贵。集圣大成，出类拔萃。

其所成就，卓越崔巍。典型既在，吾谁与归。

万民景从，仰承教诲。千秋万世，永蒙遗徽。

恭逢圣诞，我心欢畅。秉持诚意，其喜洋洋。

载歌载舞，俎豆馨香。奉承而进，伏惟尚飨。

护佑生灵，教化其昌。乐道好礼，同沐祯祥。

癸巳年（2013）"公祭孔子大典"祭文
撰文：彭 林

惟夏历癸巳年之年，辛酉之月，日在丁酉，恭逢大成至圣先师孔子诞辰二千五百六十四年，山东省人民政府敬以释奠大典、鲜花雅乐之奉，告圣灵曰：

伟哉夫子，如岳之耸。德尊道隆，海内归宗。

多士肃肃，庙堂雍雍。典祀有常，是仰是崇。

簠簋备列，粢盛隆丰。笾豆蠲洁，三牲肥充。

笙镛和鸣，佾舞称容。神其来格，享此献奉。

生民之初，心智懵懵。彝伦不明，长夜无穷。

尧舜禹汤，文武周公。庠序养贤，开辟鸿蒙。

春秋季世，纪纲失统。忧道不行，木铎警众。

杏坛设教，儒学大弘。倬彼云汉，为章苍穹。

为政以德，北辰是拱。仁孝为本，父子融融。

忠信相交，上下股肱。日升月恒，泮水辟雍。

明德新民，君子之风。性情和达，乃为中庸。

诗礼传家，开我华风。立我烝民，莫非尔功。

立己达人，四海弟兄。修齐治平，天下为公。

文德既修，远方来朋。寅协万邦，和而不同。

弥高弥坚，圣自天纵。照临千秋，为祷为颂。

神州复兴，百年之梦。法古开新，国祚久永。

伏惟尚飨！

甲午年（2014）"公祭孔子大典"祭文
撰文：张立文

惟夏历甲午之年，恭逢先师孔子诞辰二千五百六十五年，谨以香花酒果，佾舞雅乐，敬奠于夫子暨诸圣誓之灵。其辞曰：

天地何来？人类何生？和实生物，同则不继。

阴阳绌缊，五行相杂。万物化醇，恭惟纲纪。

汤武革命，应天顺人。惟德是辅，敬德保民。

水能载覆，民贵君轻。无信不立，去食去兵。

巍巍孔子，圣道昭明。复兴礼乐，挽澜扶倾。

己达达人，博施于民。惟圣之德，万世永馨。

天道刚健，地道柔顺。人道仁义，天下文明。

天文察变，人文化成。诚意正心，修齐治平。

仁爱民本，诚信正义。和合大同，时代价值。

洪惟中华，其命维新。德法互济，至善知止。

势利纷华，不染尤洁。君子九德，进退守正。

礼义为纪，各正性命。经国序民，坤宁乾清。

多重世界，差分融突。和而不同，协和万邦。

和平发展，合作共赢。命运同体，寰宇辉煌。

天人和美，身心和乐。家和则兴，国和则强。

天和人乐，和乐与共。和合世界，幸福永享。

伏惟尚飨！

乙未年（2015）"公祭孔子大典"祭文
撰文：钱逊

维此乙未仲秋，公历二〇一五年九月二十八日，乃至圣先师孔子二千五百六十六年诞辰，吾等华夏胞民，谨具鲜卉果蔬，佾舞雅乐，肃祭圣师，恭献此文。

圣师孔子，生于无道之世，力倡《雅》《颂》之声。承尧、舜、禹、汤、文、武之余绪，集礼、乐、射、御、书、数之大成，设帐授徒，创立儒宗，开百代之圣教，化万民于春风。

圣师之教，垂范至今。以人为本，不语乱神；以德为政，立己立人。兴学杏坛，有教无类；文行忠信，约礼博文。三千弟子，传道四海；泽被天下，十步芳邻。乐群贵和，行己有耻；修齐治平，遍惠人伦。洵为万世之师表，五洲之圣哲，凝华夏之魂魄，涌文明之朝暾。

近世以降，西风东凌。圣师之言犹在，而或成腐儒之虚饰，或遭伪士之凶讦。然礼失诸庙堂，犹可求诸四野，况志士仁人迭起，力挽神州陆沉。圣贤之道，潜而复苏，忠恕之义，普世皆钦。今日华夏，病夫之名已去，而全盛之日未临，诚宜秉传圣训，固本培根，崇德以筑中国梦，旧命而维天下新。乐宾朋来自四海，绘丹青馈于子孙。幸我九州通力，朝野一心，华夏之洪舟，正扬帆破浪而进。谨以此告，先师圣灵。伏惟尚飨，日升月恒！

丙申年（2016）"公祭孔子大典"祭文
撰文：颜炳罡

维公元二〇一六年九月二十八，岁在丙申，序在仲秋，值天高气爽、花果飘香时节，山东各界人士、世界各地炎黄子孙、五洲宾朋等齐聚曲阜孔庙大成殿前，以至诚之心，崇敬之情，谨备蔬果，献以佾舞，敬祷于夫子及诸贤哲大儒神位。辞曰：

天地氤氲，燮理阴阳，衮衮华胄，诞育东方。

荜路蓝缕，野居草莽。三皇五帝，始创典章。

吊民伐罪，商汤武王。降至春秋，渐失王纲。

礼坏乐崩，五霸逞强。

大哉夫子，应时而降。宪章文武，道承三皇。

杏坛设教，门开八方。三千弟子，大道阐扬。

退修诗书，六艺始彰，韦编三绝，行囊居床。

人文化成，道始以昌。

以仁释礼，仁礼双彰。为仁由己，无欲则刚。

孝悌忠恕，践仁之方。四勿四毋，克己自强。

内省不疚，无愧俯仰。中庸为德，君子坦荡。

贫而好学，富而礼让。不怨不尤，知命守常。

仁为己任，弘毅担当。杀身成仁，以义为上。

天何言哉？四时行焉，百物生长。

道易天下，何计栖遑？天纵之圣，木铎声响！

为政以德，举贤让良，正己正人，万民所望，

富而后教，礼乐兴邦。宽猛相济，治国有常。

博施济众，百姓安康。和而不同，德化万邦。

四海一家，大同在望。

大哉夫子，万世师表，四海咸仰。

圣哉夫子，辉光日新，千秋传唱。

神哉夫子，明德赫赫，大道荡荡。

敬祷夫子，再现灵光：佑我华夏，保我家邦。

中国梦圆，华族永昌。以

复圣颜子

宗圣曾子

述圣子思子

亚圣孟子及诸大贤哲先儒

伏维尚飨！

后记

"文庙释奠"这一课题，对于本书的两位作者来说，既是学习和研究的对象，也与自身工作紧密相关。我们都在孔子的家乡曲阜出生和成长，学习和工作，对孔子，对文庙，有着难以言说的感受和情怀。

　　本书的作者之一，从 2002 年到 2010 年，担任曲阜"祭孔大典"活动的总策划和现场指挥，可以说是这项活动的见证者和主要策划人，推动"祭孔大典"从民间祭祀提升为政府公祭（2004 年），从县级层面提升到省级层面（2007 年），并于 2008 年主持恢复了"春季祭孔"。

　　但是，正是在"祭孔"活动的组织工作中，发现有许多问题还没有搞清楚，包括"祭孔大典"这一名称本身就存在问题。于是，我们先后考入曲阜师范大学，师从杨朝明、孔祥林两位先生，开始深入研究这一课题，并因此成为师兄弟。2010 年，杨朝明师调入孔子研究院担任院长，而孔祥林师本就是孔子研究院的副院长，于是，我们又先后跟随老师，进入孔子研究院工作。不言而喻，孔子研究院确定的重点研究方向，必然包括礼乐文明的研究和传播，并于 2016 年 9 月正式成立礼乐文明研究与传播中心，我们也自然成为礼乐文明研究与传播中心的成员，本书也有幸列入该研究中心先期推出的成果之一。

　　文庙问题，实是关涉儒学演进发展和推广传播的重大问题，而文庙释奠问题，更是文庙研究的重中之重。这本小书，是我们在师长们指导下，对于文庙释奠问题思考的初浅成果。我们深知，因学力所限，对这一问题的研究还远远没有破题；但我们有一个共识，愿意以这一课题为导向，为文庙研究、文庙释奠研究投入我们的时间、精力乃至生命情怀，以此为毕生志学方向。

　　衷心感谢香港孔教学院院长汤恩佳博士对本研究课题的支持和帮助。山东省社会科学规划研究项目《文庙释奠仪程研究》（批准号：16CQXJ22）也对本书的研究给予了支持和推动。

刘续兵　房　伟

2017 年 6 月于孔子研究院